会社の後継者育成をめぐる7つの大罪

古小路勝利総合研究所 所長
古小路勝利

清文社

はじめに

本書を書くきっかけとなったのは、現状を放置すると、2025年までには中小企業・小規模事業者の経営者381万人のうちの6割強である245万社の経営者が70歳を超え、その約半分が後継者未定であり、それにより127万社、そこで働く650万人の雇用が失われるかもしれないという予測を目にしたことです（参考：中小企業庁「中小企業・小規模事業者におけるM&Aの現状と課題」）。

ここで後継者未定、不在の企業経営者の皆さまにどうにかして後継者の選び方・育て方をお伝えしなければ、この「かもしれない」が「現実」となってしまう。

どうしても守りたい、何よりも、経営者の皆さまがこれまで情熱と愛情を込めて大切に育ててきた技術（モノづくり、コトづくり、サービスづくり）・ノウハウ、そして、皆さまのことをいつも「社長、社長」と呼んで、ついて来てくれている大切な従業員の未来を消してはならない、と心に誓ったからです。

私は、税理士でも、弁護士でも、中小企業診断士でもありません。中小企業から東証1部上場企業までを実際に経営してきた叩き上げです。読者の皆さまと同じ立場でずっと生きてきました。ですから、この本でお伝えする多くが実際に経験してきたことであり、皆さまと同じ経営者の目線で書いております。

そこには、お恥ずかしい失敗例、そして成功例もありますが、皆さまのご理解が深くなればと考え、できる限り、ありのままをお伝えするようにしました。

また、お忙しい皆さまにできるだけお時間を取らせないように、そして分かりやすく、と何度も書き直し、仕上げたつもりです。

いろいろなところで「後継者がいない」「後継者が育たない」ということを耳にします。ただ、その経営者さまのお話を伺っていると、ほとんどがいくつかの「勘違い」や「思い込み」によるご判断であることに気付きました。

皆さまが、自分では良かれと思ってやっていることが逆効果となっていたり、相手のことを考えている「つもり」が相手を深く傷つけてしまっていたりすることもあります。

そんないくつかの「勘違い」「思い込み」と互いの「価値観」の違いが、現状を引き起こしている大きな原因ではないかと思っています。

この本のタイトルに掲げた『大罪』

「罪」ということが分かっているということであれば、それを正すことができます。

ただ、世の中においては、また人生においては、

「気付かぬうちに」「無意識のうちに」

「罪」を犯してしまっていることもあるのです。

この「罪」については、自身が気付いていない、無意識であるがゆえ、正すことができません。

これを『大罪』と称し、皆さまに気付いていただくことができれば、と考えております。

・後継者はあなたほど優秀なスーパーマンではなくて良いこと

創業時代、あなたが社長になった頃の会社（組織）と今の会社（組織）では、従業員も増え、会社の人財、組織、仕組みが整い、社長が一人ですべてをしなくて良い会社に成長しているはずです。

・会社の所有者「株主」と経営者（社長）は別の人で良いということ

自動車とその運転手に例えれば、「自動車の持ち主」が「皆さま」であって、「運転手」が「社長（後継者）」とも表現できます。

今はたまたまこの二人が同じ人（皆さま）となっていますが、ある程度の年齢になれば、目も見えにくくなり、判断力や集中力も年を追うごとに低下していきます。

時間の流れとそれに伴う衰えは止めることができません。そうなってしまう前に若い「運転手」に運転を教え、上達させ、上手な「運転手」となって運転を代わってもらえば良いのです。それが後継者へ経営を引き継ぐということです。

・引き継ぐものは2つあるということ

1つは、「株式、不動産などのお金にまつわるもの」、もう1つは、この本でお話しする「経営（目に見えない事業そのもの、会社の中味）にまつわるもの」。

事業を引き継ぐためには、この2つの引き継ぎが必要です。そして、この2つを切り分けて考えることにより、選択肢が増え、後継者誕生というゴールに近づくことができるのです。

本書ではこのようなポイントを7つに絞り、1つずつの章に分け、私の拙い経験ではありますが、これまで国内外において人材を採用し、人財へと育てた想いとその方法、そして経営者として大切な想いなどを織り交ぜながらお話を進めさせていこうと考えております。

そして、読んでいる途中、読み終わった時に、

「そうだったのか！　そうすれば良いんだ！」

と気付いていただき、皆さまの想いを叶えるための後継者育成が実践できるように、再現性のある本に仕上げました。

私はいつも「熱い」男と言われておりますので、時には想いが強すぎて言い過ぎてしまったり、同じようなことを繰り返しお話しすることがあるかもしれません。

そんな部分にお気づきになった時には、著者はこれが重要と思っているのだな、と察していただければ幸いです。

これからお話しする第1章〜第7章のテーマだけを読めば、「そんなことは分かっている！」「もうやった！」などとおっしゃる読者の皆さまもお見えになるとも考えております。

あるいは、同じ経営者としての目線でお話しさせていただきますので、「ずぼし」と感じてご気分を害されるかもしれません。

それでも、皆さまの参考になればという想いで、書き上げさせていただきました。

・分かっていた「つもり」で、分かっていなかった
・やった「つもり」が、やれていなかった
・自分では「当たり前」のことが、相手にとっては「当たり前」ではなかった
などということに気付いていただくため、できる限り多くの例を挙げながら、お話をしたいと考えておりますので、心を白くして読んでみてください。


少子高齢化の波を止めることはできませんが、これから起きるだろう後継者不足による廃業の波は、必ずや止めることができると信じております。

そして、本書を読み終えた時には、

「これならできる！　もう一度やってみよう！」

と思っていただくこと、そして、これまでの皆さまの汗と涙と努力で築き上げてきた結晶を次の世代へ引き継ぎ、素敵な未来を創るためのきっかけになれば、と願っております。

そして、その素敵な未来を著者から皆さまへの贈り物とさせてください。

著者

contents

第1章 「自分のようになれる従業員はいない」という過ち

第2章　「打てる手はすべて打った」という過ち

第3章 「あなたの言葉が正しく伝わっている」という過ち

第4章
「後継者は親族であるべし」という過ち

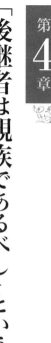

第5章 「まだ、任せることはできない」という過ち

第6章　「顧問弁護士、税理士だけに相談すれば良い」という過ち

第7章 「まずは、資産の引き継ぎが重要である」という過ち

第8章 7つの大罪を乗り越えて（まとめ）

第1章

「自分のようになれる従業員はいない」という過ち

第1節

あなたは、世界にたった一人だけ

あなたは「世界にたった一人だけ」です。

さらに申し上げると、あなたのように「すべてができる人」はめったにいません。ですから、現時点においては、あなたのようになれる従業員はどこにもいないはずです。さらに、世の中にあなたのように「勇気と自信」を持って会社を創ろう、社長になろうという人はそんなに多くはない、ということをお伝えして、お話をスタートさせていただきます。

創業者のこのような「勇気と自信」を持って設立された会社ですが、悲しいかな多くの会社が設立してから短い時間の間に消えてしまっています。

創業1年目で約30%、2年目で40%、3年目で半分の50%、5年目では60%が消えてなくなり、存続している会社は当初のたった40%、そして10年続く会社は26%と言われています。また、一方では何十年も、時には100年以上続いている会社も日本には多くあります。それも同族企業で。当然のことながら、ずっと一人の社長が続けてきたわけではないので、その座は、創業者から、2代目、3代目…へと引き継がれています。

では、2代目は創業者と同じ力を持った、またはそれ以上の力を持った人物であったのでしょうか？　また、創業社長とその後の何代も引き継がれている社長たちは同じ力を持った同じような性格の人物であったのでしょうか？　歴代の社長がすべて創業社長のような「勇気と自信」に満ち溢れた人であるとは思えませんし、同じような性格、資質であったとも言い難いと思っています。

あなただけがすべての仕事ができる

あなたが社長になった時を思い出してみてください。会社を創業したばかりの若き日を。

さて、創業したばかりのあなたが今のように会社を経営することができていたでしょうか？

「会社を経営する」という恰好の良い言葉を並べるより、すべて自らが動き、営業をし、見積書を作り、配達をし、請求書を書き、取引先にお金を振り込み、金勘定（資金繰り）をし、お金がなくなりそうになったら銀行に足を運び、たった一人で休む間もなく会社を「回していた・運転していた」のでは？

それから月日が流れ、売上の見通しが見えはじめ、一人ずつ、一人ずつ従業員を増やしていき、今の会社にまで成長させたのではないでしょうか？

そして、一人ずつ採用するたびに、それまで自分がしていた仕事が１つずつ減り、時間をかけて今の会社（組織）になったはずです。

そこまで自分一人でやり切ったあなたですから、あなたは会社のすべての仕事ができるのです。

できなければいけなかったのです。生き残るために。

自分の頭で考え、心の中で感じ、身体を動かし経験してきたからこそ、会社のことを一番知っているのです。心に刻み込まれ、身体が覚えているのです。

しかし、今のあなたの会社にそれと同じことができる後継者を求めても、後継者には不可能ですし、その必要すらないのです。

マニュアル式の軽自動車からフル装備の高級車へ

なぜなら、「たった一人で営業をし、見積書を作り、配達をし、請求書を書き、取引先にお金を振り込み、お金がなくなりそうになったら銀行に足を運び」会社を回すこと、運転することが

できるという能力は、成長した今のあなたの会社を引き継ぐ後継者には必要ないのです。

会社の成長を自動車に例えると、創業時代、まだまだお金のない時代の自動車は「軽自動車でマニュアル仕様」です。

一人、二人で乗るならまだしも、四人で乗ろうものなら思ったようにスピードも出ないし、ブレーキの効きも悪くなり、坂道は登らない。寒くなればバッテリーは上がるし、熱くなればオーバーヒートもする。遠出をすれば、どこかが調子悪くなり、翌日のために疲れた身体で整備しなければならず、運転と整備でヘトヘトになりながらも走り続けていた。

その後、月日が経ち、少々のお金ができ、次の車は「普通自動車のオートマチック仕様」です。

オートマチック仕様となったことで運転も楽になり、かつ、集中力も高まり、バッテリーも上がらず、オーバーヒートもなくなった。整備も、故障もなくなった。

そして、今では「普通自動車のオートマチック仕様のフル装備で、エアバック、コンピュータ自動制御付き」です。

故障がなくなっただけでなく、乗るたびに勝手に自動車が異常・点検の有無をコンピュータで調べて、異常があれば知らせてくれ、万が一、衝突事故が起きたとしても、いくつものエアバックが身を守ってくれるようになりました。

このような変化、成長があなたの会社に起きているのです。成長しているから、今まで会社が存続する（走り続ける）ことができたのです。自動車が走る道路状況（つまり、市場）の変化に対応しながら。

ですから、今の自動車（あなたの会社）の運転手には、点検・整備、故障を直す能力がなくても良いのです。なぜなら、自動車では搭載された「装備（搭載されたコンピュータなど）」、会社でいえば、あなたが創り上げた「仕組み、組織、人財（従業員）」が対応してくれるのですから。

そのうえ、今の会社には「あなた」がいるのです。後継者が会社を一人で経営できるようになるまでの間、後継者を支えれば良いのです。

社長という重責に座らせることによって、後継者はその重責を体感し、耐え、経験を重ね大きくなって行きます。そして後継者には、たった一人で耐えてきたあなたとは違って、万が一の時には支えてくれる人、そうです「あなた」がついているのですから、後継者の苦労はあなたが乗り越えてきた経験と比べ、格段に軽くなっているのです。とは言え、後継者には後継者ならではの別の苦労はあると思いますが。

ここまでご理解いただけると、少し後継者という人物像が変わり、目の前が明るくなってくるのではないでしょうか?

後継者を支える仕事はストレスだらけ

目の前が明るくなったとはいえ、これからのあなたの仕事である後継者を支える仕事は、これまでに経験のしたことがないくらい心が疲れる仕事、気苦労が増える仕事になりますので、少々の覚悟をしておいてください。

仕事ができればできるほど、仕事を人に任せてそれを見ているということは、とても大きなストレスになります。

「こんなにストレスが溜まるなら、自分でやったほうが良い!」

と言いたくなることがあるとは思いますが、延々と続くことではありませんので、これからの素敵な未来のための「もうひと踏ん張り」と考えて、耐えてください。

私も、そうでした。自分でやったほうが早い、もっと良いものができる、もっと儲かると思いながら耐えていました。そして、自分がした失敗は自分がやったことですから、素直に受け止めることができましたが、それを後継者に任せた途端(手と口を出さないようにした瞬間)に、それまでストレスというものを知らなかった私に、化け物のような大きなストレスが降りかかり、心と身体が悲鳴をあげ、十二指腸にポッカリ穴が開き、それでも(忍耐と考えることができず)我慢するべし(「我慢」と「忍耐」の違いは第5章第4節にてお話しします)、と自身に言い聞かせ続けた結果、大きく体調を壊した時代がありました。まだまだ未熟でしたから。

しかし、それがあったからこそ、後継者として成長したことを確認できた時の喜びもひとしおでしたし、さらに大きな仕事へ時間が向けられることになりました。

ここを通り抜けることが経営者の卒業式であり、次のステップへの入学試験でもあると考えています。これは経営者の後継者育成だけでなく、人を一段上のレベルに上げるために必要となる時間と忍耐であると思っています。

経営力の算数…「1+1<1」を「1+0>1」へ

では、簡単な1ケタの数字を使いながらお話をしてみましょう。

算数では、

「1+1=2」

当たり前のことですね。

しかしながら、人と人では数字の足し算のように簡単に答えは出てこないというお話であり、その辻褄の合わない計算式の考え方です。

後継者に社長の座を譲ったばかりの状態は、人数で言えば、

「1（後継者）＋1（あなた）＝2人」です。ふたりです。

では、経営力では、

「1（後継者1人分の力）＋1（あなた1人が後継者を支える力）＜2（あなたの全力）」です。

後継者の社長就任時の後継者の経営力は「あなたが望む社長としての経営力」の達成率50％で良い（この部分は、第5章「第2節　どのようなことができるようになったら社長の座を譲りますか？」で詳しくお話しします）と考えていますので、場合によっては、完全に後継者に任せていたら0.5、あなたが支えたとしても、あなた一人で経営をするより成果が悪く、

「1（後継者1人分の力）＋1（あなた1人が後継者を支える力）＜1（あなたの全力）」

となる時期もあるかもしれません。この時期がストレス最大の時期です。

とはいえ、後継者が育ち、

「1（後継者1人分の力）＋1（あなた1人が後継者を支える力）＝1（あなたの全力）」

となった時には、会社はこれまで通り（あなたが社長をしている時の通り）に動くようになります。

さらなる後継者の経験による成長とあなたの支えにより、

「1（後継者1人分の力）＋1（あなた1人が後継者を支える力）＞1（あなたの全力）」

となった時には、もっと素敵な会社を創ることができるということです。

そして、

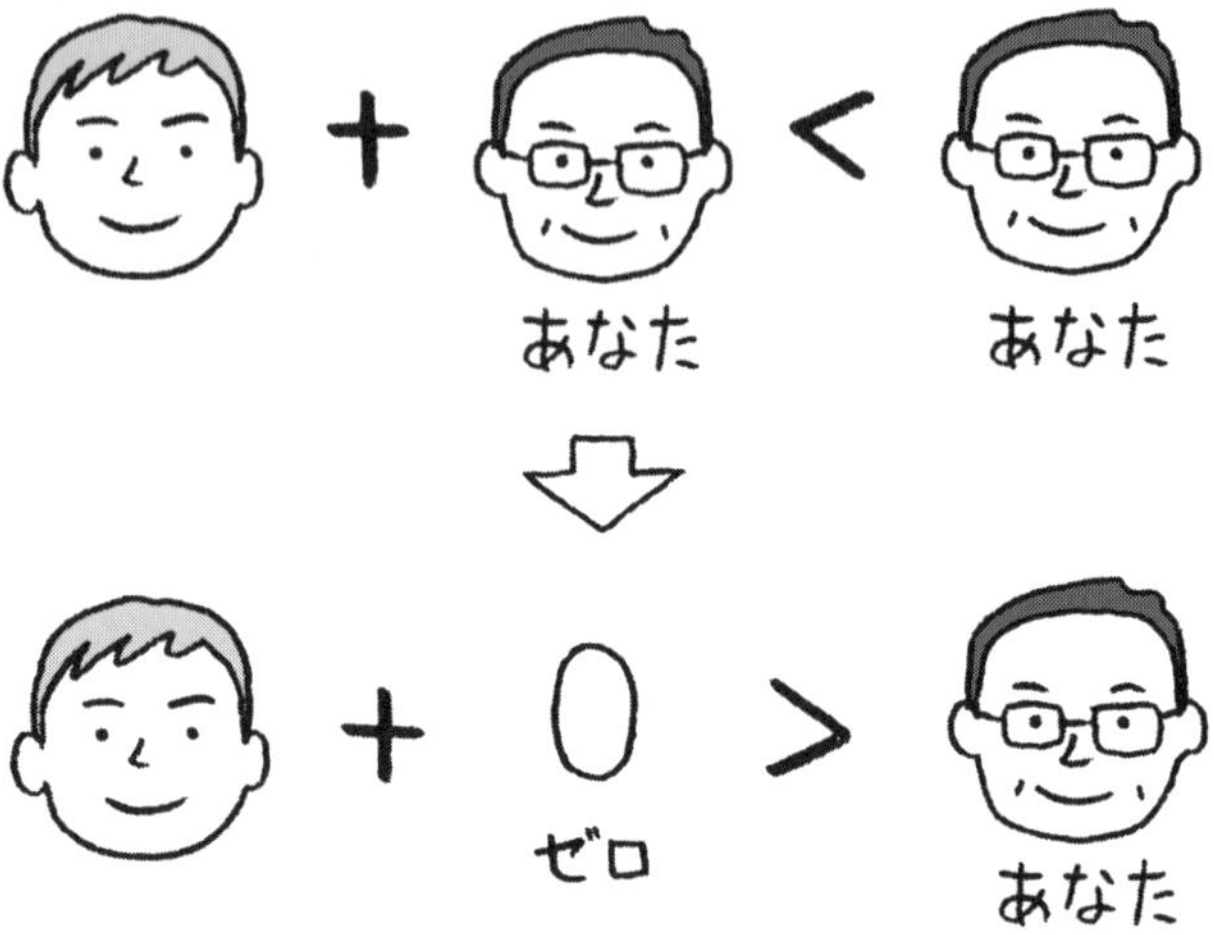

「1（後継者1人分の力）＋0（あなたの支えはなし）＝1（あなたの全力）」で、あなたが会社から離れても良い状況となり、「1（後継者1人分の力）＋0（あなたの支えはなし）＞1（あなたの全力）」となった時、あなたは安心して会社から離れることができるのです。

分かりにくい算数になってしまいましたが、

1＋1＜1
1＋1＝1
1＋1＞1
1＋0＝1
1＋0＞1

この流れを踏んでいくことが大切ですし、この流れを踏んでいくしかないのです。

※　唯一、他の流れがあるとしたら、あなたの

代わりを外部から採用することです。ただし、それには高額な紹介料が必要ですし、外部において「あなたの代わり」がいつになったら見つかるかどうかも分かりません。

後継者はあなたがいるから幸せなのです。すべてを乗り越えてきたあなたがいるから。だから、後継者は育ちますし、あなたを超えていくことができるようになるのです。

「あなた」という偉大な存在と成長した会社（組織）のおかげで。

第2節

後継者はあなたほど優秀なスーパーマンでなくて良い

前節をお読みになったばかりであれば、このテーマでお伝えしたいことは、すぐにお分かりになるはずです。

あなたは、あなたの会社ではスーパーマン、つまり会社のことなら何でも一人で出来る人、どんな会社の課題・問題もあなたが来たからには解決できる、という人なのです。お話しした通り、創業時と比べ会社(組織)は大きく成長しているはずです。今では、毎日疲れた身体と心に鞭を打って、金庫に現金がいくらあるかを記録するため、紙幣を1枚ずつ、硬貨を1枚ずつ数えて、金種表を作ったり、(仕訳)伝票を書き、パソコンに入力し、試算表を作成する、という財務・経理の実務からは卒業したことでしょう。

今のあなたには簿記の知識・資格は必要ないでしょう。そのような知識・資格を持ったそのような仕事が好きな従業員が行っているはずです。今のあなた(経営者、社長)の後継者に必要なのは、打ち込まれた数字を読み取り、課題を見つけ、それを解決するために、将来を予測し、組織をまとめ動かす知恵と力ではないでしょうか。

「スーパーマン（あなた）の仕事－〇〇〇の仕事」＝「後継社長の仕事」

一例として、経理実務と経営者の仕事についてお話ししましたが、これは技術（製造）部門についても、営業部門についても、メンテナンス部門についても、管理部門についてもすべて同じことが言えます。とはいえ、会社規模により人員配置とその数の関係で後継者が自ら実務をしなければならないこともありますから、そこは、会社の組織図とその人員配置により考えてみてください。後継社長の仕事は、

「スーパーマン（あなた）の仕事」－「組織図、人財配置により後継者がやらなくて良い仕事」
＝「後継者がしなければならない、できなければならない仕事」

という式で見えることになります。

驚かれるかもしれませんが、世の中には、あなたのようにあらゆる部門の仕事ができる社長ではなく、特に大きな企業になればなるほど、技術部門と人事はできるが、その他はやったことがないとか、営業一筋という会社の一部の仕事しか経験されたことのない社長もたくさんいるのです。そのような会社には優秀な技術部門の役員または従業員、営業にも、メンテナンス部門にも、管理部門（人事、総務、財務・経理）にも、そのような人財が配置されているはずです。ただ、この社長たちは、その経験しかなくとも、その「会社組織を動かすことができる力」を持っているのです。

もしも1つの会社に何人もスーパーマンがいると、誰が本当のスーパーマンなのか？　という「本物のスーパーマンは誰だ！　争い」が起きてしまうことがあります。それで、権力闘争とか、派閥のようなものができて、組織を壊してしまうこともあります。

今の会社では、あなただけがスーパーマンであるからこそ会社（組織）は上手く回っているのです。

あなたがいない会社の絵を描く

これから取り掛かっていただきたいことがあります。それは、「組織図」と「後継者候補」という2つをじっくり見て、この後継者候補ならば、○○と○○部門を任せられる人財を育てなければならない、とか、あの後継者候補に、○○と○○の部分を教えれば、育てれば、全体の組織がうまく回るという会社全体の人（資源といいます）を使って、「あなたがいなくなっても良い会社」の絵を描くという作業です。

気を付けていただきたいのは、現状の従業員の力で判断するのではなく、彼らを育成したら、ここまで成長するだろう、という「育成後のレベル」で「組織図」を見ていただく必要があるということです。

ということで、後継者だけでなく、組織図の上位の層の四角い箱の責任者も育てるということ

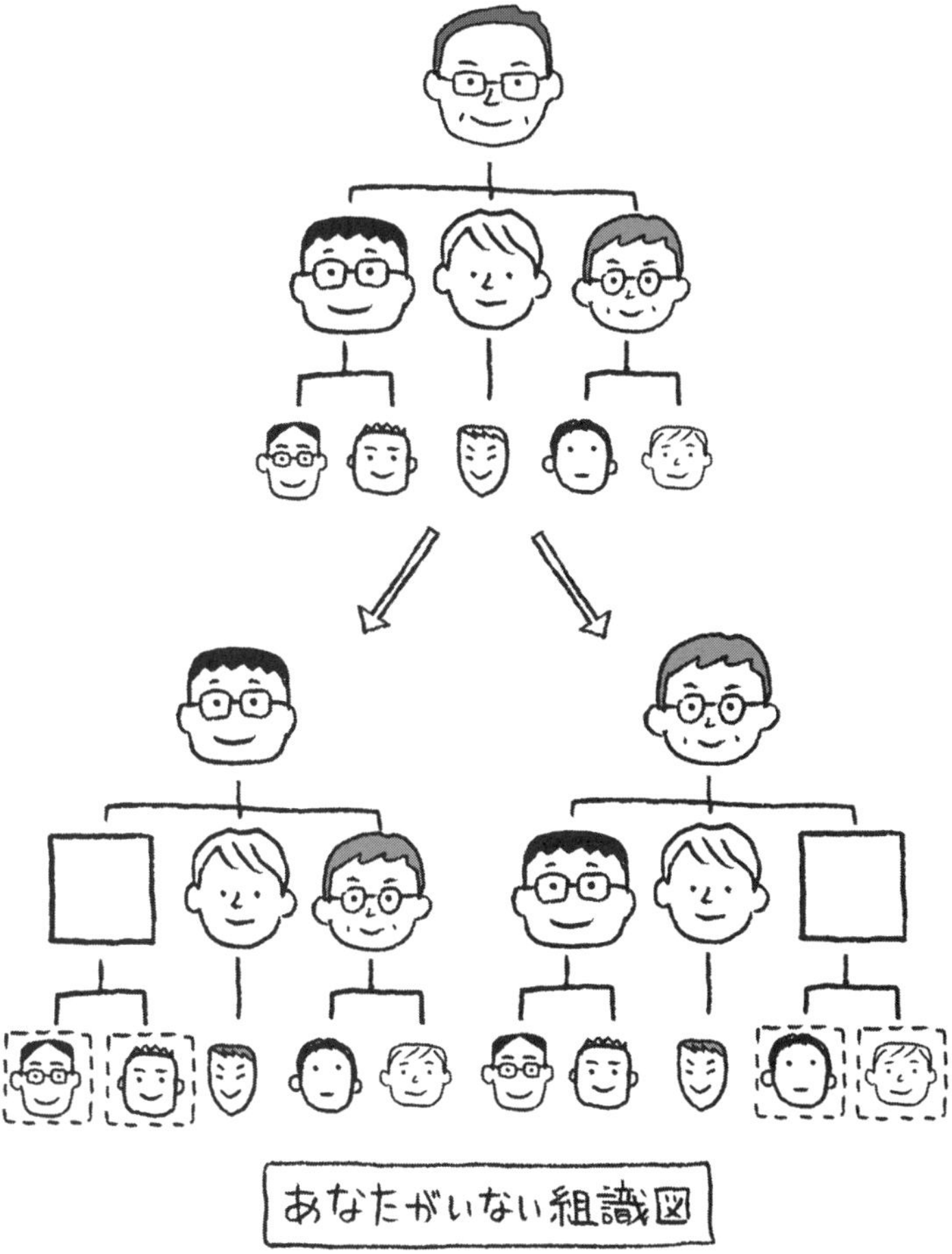
あなたがいない組織図

になりますので、ご承知おきを。

大きな会社には、取締役会というものがあり、それは複数の取締役で構成されていて、そこで会社の重要事項が決められ、その決定を遂行することに責任を持つ執行役員という地位の者がいる場合があります。

あなたの会社にも取締役がいるはずです。ともすると、あなた一人かもしれませんが。そこで、会社が「決定したことに遂行責任を持つ」執行役員のような地位の者を部門ごとに創る、ということを絵を描く作業に含めてください。それが、先ほどの四角い箱の責任者です。

そして、その中から、後継者候補を決め、育てれば、後継者候補が後継者になった時には、ここで描いた「あなたがいなくても良い会社」になっているはずです。

スーパーマンを創るのではなく、「あなたがいなくなった時の会社の絵を描くこと」、それが今のあなたがしなければならないことなのです。

第3節 なぜ？　自分のようにできないのか！

この章のテーマは『自分のようになれる従業員はいない』です。

私も「なぜ？　自分のようにできないいか！」と、ある時期までは思っていました。「なぜ？　言った通りにできないのか！」と。

幸運にも、そのように考えていたことが、とんでもなく大きな勘違いであり、若輩者の奢りであり、自意識過剰の表われであったということに気付かされるある出来事が起きたのです。

それは海外に赴任して、外国人の女性スタッフに新しい仕事を教えていた時でした。

「仕事を教える、指示するときには、その目的（ゴール）と手段を相手が分かるように伝える、できるように伝える」という基本に則り、私は彼女に仕事を指示しました。

しかし、彼女はその通りのやり方をしないのです。

「なぜ？」と訊くと、私の心にグサッと刺さる言葉が返ってきました。

「目的は〇〇で、期限は〇〇日とあなたは言いました。手段についても聞きましたが、この国ではもっと早くできる方法があります」

私は、ぐうの音もでませんでした。

「そうだったんだ。押し付けていたのだ、私のやり方を！」と心の中がこれまでのお詫びと反省の気持ちでいっぱいになりました。

私が「自分のようにしない」「自分のようにできない」という「自分のやり方だけ」を正しいと「勘違い」して、仕事の成否、人物の良し悪しを決めていた、ということに気付かされたのです。

さすが良くできる外国人スタッフです。私が教えたことを完全に理解して、会社のために、私のために、ハッキリと伝えてくれました。日本人では、なかなかこんなにストレートに言ってくれないのです。日本人らしさが邪魔をして。

自分しかできない仕事は会社をダメにする

それから、さらに大きな誤りに気付くことになったのです。それは、

「自分でしかできないやり方で、仕事を進めてはいけない」

「自分でしかできない仕事をしてはいけない」

ということです。

「再現性」という言葉を耳にしたことがあると思います。それは、何かを見ると同じことができる（再現できる）、ということです。

「教えれば」できる、「本・取扱説明書・マニュアル」を読めば、「画像・動画」を見れば、同じこ

とができる（真似できる）ということであり、このすべてを実践したとしても、できないような仕事、つまり「自分でしかできない仕事」は、会社を成長させるやり方ではない、ということにも気付かされたのです。

私に足りていなかったこと、上に立つ者として欠けていた意識は、

「自分でしかできない仕事」を「誰にでもできる仕事（再現性のある仕事）」に変えていく、

もしくは

「それができる仕組みを創る」

ということを、経営者（社長）がしなければならない、ということだったのです。

外国人の彼女が教えてくれたのは、仕事をする場では「自分のようにできること」が正しいとか間違っていると判断するのではなく、その仕事の目的を達成したか、しなかったかという「結果で判断しなければならない」ということでもありました。

当然、彼女は立派に結果を出しました。私はその方法を学び、それまで教えていた内容ではなく、彼女から学んだ内容をその国では教えるようにしました。そして、それ以降いつも伝えるようにした言葉があります。

「…と言った（方法について）けれど、期日までに同じ結果が出せるようであれば、他の方法でも良いです」

そうは言ってはみたものの最初のうちは怖くて怖くて仕方なかったです。

「違うやり方をされて、期日通りに結果が出なかったらどうしよう」と。

ただ、それから分かったのは、違うやり方を選ぶ従業員は私が伝えたやり方もできるので、万が一、他の方法で進め失敗しても、私が伝えたやり方でリカバリーできる、というストーリー、スケジュールを先に創っているのです。

もしも、私が再現性のないやり方を伝えていたら、誰が担当になろうとも、いつまで経っても結果は得られないでしょうが。

とはいえ、経営者のレベル(後継者)になると、結果が出てからでは遅すぎますので、その過程をいくつかの段階(時間)に切り分けて、その進捗を見て、良し悪しを判断する必要があります。

そして、その切り分けた過程(区切り)が終ったら、なぜ、そのようなやり方をしたのか？　なぜ、そのように考えたか？　を訊いてみてください。

きっと多くの気付きや、後継者について知らなかったことを知ることができるはずです。

自分を超えてもらうために

と、ここまでお話ししている私ですが、今でも「なぜ、できない、同じようにしない」と思いそうになります、思ってしまう時があります。その時には、

「なぜ、自分のようにしなければならない、と自分は考えているのだろう？」

「自分のようにしなかったら、この会社、この人はどうなるのであろう？」

「とは言いながら、自分がすることの『どの部分』を真似してほしいと思っているのであろう？　それは会社にとって正しいことなのか？」

と考えているうちに見えてくるものがあります。

『なぜ？　自分のようにできないのか！』と考えてしまう想い、怒りの裏側には、目に見える仕事という「行動」に対することよりも、「感情」というものであったり、「支配欲」というものがあるということです。そして、

「私が社長なのだから、私が上司なのだから、私の言う通りにやらなければならないのだ！」という驕り、思い上がりがあるということに気付くことができたのです。

さらに気付いたことは、再現性ということ以上に、

「自分の言う通りにしかできないなら、会社の従業員たちは、どんなにできても『私のレベル』までにしか成長しない、そこが上限である」

「それで良いのだろうか？」

「少なくとも、私は超えてほしいし、もっともっと成長して良い会社を創ってほしい、であればどうすれば良いか？」

ということを考えるようになったのです。

教え方が悪かったと考える

確かに、言った通りやってもらうと気持ちが良いです。

「よしよし、お前は良い子だ」

と頭を撫でてやりたくもなります。ただ、その「気持ちが良いという気持ち」の中には「よし、私の言うことを聞いている。言った通りのことをやっている」という自分が上（役職）の者であるという「支配欲を満足させるためだけ」のものであって、「そこに会社の未来はない」ということ、そして、この感情は、会社にとってはとても「危険なもの」であることが分かったのです。

整理をしますと、

・なぜ？　自分の通りにできないのだ！　と自分が考えてしまうのか、という自分の心の中の整理をする

・会社にとって大切なものは何かということを整理する

・自分の通りにすると、これから会社はどうなるのだ、ということを予測する

・上記の3つを踏まえて、「自分（判断、行動）のどの部分」を相手にやってほしい、真似してほしいのかを具体的に挙げる

ということをして初めて、結果が出ないことに対して（自分の通りにできないことに対してではありません）、少しだけ腹を立てたり、少しだけ悩むことにしましょう、ということです。いつも自

分が悪いと思い続けることにも限界がありますので。

それでも、私はこう思います。

「自分の教え方、伝え方が悪かったのだ」と。

このように考えてみると、怒ったり、「そもそも」そんなことを考えなくて良くなるはずです。

今まで腹を立ててしまったり、怒ってしまった従業員へのお詫びとして、手間暇かけて丁寧に育て成長させていきましょう。

これが経営者、人の上に立つ者の宿命ですから。

いくつになっても成長する意志があれば、人は成長し続ける

人は教えてもらい、経験してできるようになるのです。教えてもらってないことは、どんなに考えても分かりませんし、やったことのないことは、やることができないのです。教えてもらうか、我流でチャレンジして失敗することで経験し、できるようになるのです。たまには我流で成功することもありますが。

そして、教わった相手より大きくなっていくのです。この従業員を育てる過程においては、皆さま自身を振り返ることにもなりますし、何より皆さまの成長につながります。

「いくつになっても成長する意志があれば、人は成長し続ける」

と私の師匠の一人は言ってくれます。そして、その成長があなた自身を若く保ってくれます。

そして何よりも、従業員はあなたを見ているのです。成長するあなた（経営者）を。あなたは従業員の鏡であり、手本なのです。そして、その手本によって従業員が成長すれば、そこから生み出される結果によって、あなたの想いが叶うのです。

上司からの「信頼」が部下の「最大の喜び」

自分のようにできなくても良い、ただし、○○と○○は分かってほしい、そのために○○と○○を教える。

同じ方向に向かい、結果が出るのであれば、「在り方」が同じであれば「やり方」は任せる。

それで良いのでは。

その「任せる」というあなたの「部下への信頼」が「部下の最大の喜び」である、ということも知っておいてください。ずっとトップを走っていると、こんなことを言われることがありませんので。

嬉しいのですよ。

「あなたに任せた」と、上司から言ってもらえることは。

ましてや、社長からなら、なおさら嬉しいはずです。

ここで勘違いをされてはいけないので、1つだけ忠告を。

「任せる」ということは「放置する」ことではなく、気付かれないように横目でじっと見ていて、誤った道に走りそうになったら、さり気なく方向修正のアドバイスをすることを忘れずに。これも結構、疲れる仕事です。

第4節

あなたのようになるためには、何を大切にしなければならないのか？

本章の第1節、第2節において、

・あなたは、世界にたった一人だけ

・後継者は創業者ほど優秀（スーパーマン）でなくとも良い～これまでに会社は大きく成長した～

として、あなたがこれまでにしてきた「すべて」を後継者はできなくても良いということ、そして、そのために組織図・人員配置を見て後継者以外に育てなければならない従業員がいるということを分かっていただけたはずです。

具体的にあなたの代わりになるために、「何ができなければならないか？」ということは、続く第2章で整理することとして、ここでは、あなたがいなくなった会社において、後継者はあなたの代わりに、

「何を大切にしなければならないか？」

を明確にすることを本節のテーマとしたいと考えております。

結婚式でのトラブル

1つの例を挙げてみましょう。それは結婚式でのことです。

結婚式を挙げられたお客様が結婚式の数日後に激怒して、会社にクレームの電話をしてきました。それを聞いた担当者はお客様のところへ飛んで行き、お電話をいただいたお客様（新郎のお父様）のお話を聞いたところ、

「頼んだ引き出物と実際にお渡しした引き出物の内容が違う」

ということでした。そこで、担当者はお客様に平謝りをして会社に戻り、上司に報告をしたそうです。お客様は相当ご立腹であったのでしょう。担当者の顔は引きつっていたとのことでしたので。

しかし、これには経緯があり、お父様が頼んだ引き出物は打ち合わせ当初にお聞きしたもので、実際に結婚式で参列者さまにお渡しした引き出物は、その後の新郎新婦との打ち合わせの過程で変更されたものであり、発注書にも新郎新婦お二人のサインがありました。

新郎新婦も当初はお父様が指定した引き出物で良いと考えていたのでしょうが、打ち合わせを重ねる中で、お二人の選択で引き出物を変更されたのでした。しかしながら、お二人も引き出物を変えたことで、こんなにお父様が激怒するとは思わず、勝手に変えたとも言えず、しばらくお茶を濁していたところ、お父様から会社に連絡があった、ということでした。

この報告を聞いた時の私の答えは1つしかありませんでした。

「弊社には何の落ち度もないので、気分を害したことについてのみ謝罪すれば良い」です。

そこで、担当者とその上司がお父様に会いに行ったところ、こんなことを言われたそうです。

「ならば、なぜ？　○○さん（平謝りした担当者）は謝ったのだ。何か思い当たることがあるのだろう。起きたことは仕方ないので値引きせよ！」というお言葉であったそうです。

上司同席ではございましたが、あまりに彼ら二人の想定と異なるお言葉であったため、いったん会社に戻り、私にこの報告をしたのです。

「やっぱり、そこがポイントとなったようですね」と、私は言いました。

「でも、悪いことはしていないのでしょ。謝るということは、その場を取り繕ろう、切り抜けるための手段と考えているかもしれないけれど、事実と違う行動をすると、このような結果になるのです」と。彼には伝えませんでしたが、お客様の「振り上げた拳のやり場」を与えてしまったようなものです。

「何か悪いことをしたのですか？　私たちに何か落ち度があるのですか？　もしも、そうであれば値引きを受け入れましょう。ただ、私はあなたとあなたの報告を信じているので、値引きに応じるつもりはありません。万が一、落ち度がなくて値引きをしたら、当社の商品はすべてお客様の感情で決定され、かつ、うちの子（私は従業員・部下のことをこう呼びます。家族・子供と同じような存在と考えていますので）たちの一生懸命な気持ちまでも否定することになってしまうのです」

結論としては、平謝りをしてしまったことのみを詫び事なきを得ました。

この結論に至るまでに、平謝りをした担当者の上司は何度か「お父様は〇〇万円の値引きと言っていますが、△△万円ではいかがでしょうか?」と私にお伺いを立てに来ていました。そして毎回、私は、「なぜ?」と聞き返しました。最後まで彼はその理由をハッキリとは言いませんでしたが。

想像するに、その答えは、そのお客様との対応を早く終わらせたい、ということだったのでしょう。かなり疲れ切った顔をしていましたから。

とはいえ、私の答えはずっとお話しした通りです。

社長のわがまま(理念と信念)

本当にお伝えしたかったことは、ここからです。

その後、この苦しんだ上司は大きく成長し、その平謝りの担当者はトップの成績を上げるまでになりました。

当時のその上司のことを考えれば、値引きに応じるという判断をされる経営者もいるかもしれません。ひどく疲れ切った顔を見て「少々の損失であれば、この子を楽にしてやろう!」という想いで。

そして、皆さまの中には、私のことを利益のために値引要求を受け入れず従業員を苦しめている鬼社長だ、と思われる人もいるかもしれませんが、私はその時、このクレーム対応をその上司を育てるためのとても良いチャンス、私の想いを彼にストレートに伝えるチャンス、つまり、管理職教育の場にしようと考えたのです。万が一のことがあれば、いつでも私がお客様のところへ行く準備をして。

しばらくして、彼は部門の責任者になりました。大きく成長して。

後に、彼はこう言いました。

「あの時は本当につらかったです。ただ報告した通り、私たちは間違ったことはしていませんでした。落ち度はありませんでした。それだけでなく、社長が自分たちを信じていると言ってくれました」

「それなのに、その場から逃げるために、嘘をついて落ち度があったと伝え、信頼を裏切るような人間にはなりたくなかったのです」

よく耐えました。とてもつらかったでしょうし、苦しかったと思います。

「任せる」とか、「見ていないものを信じる」ということはとても難しいことですし、勇気もいることですが、それだけにとても「力のある言葉」なのです。万が一、間違っていたら大事になりますが。

長々とお話ししましたが、後継者には、こういう想い、理念と信念を伝え、理解し、受け継いでほしいと思っていますし、それが正しいと思っています。ですから、受け継いだ者たちのほとんどが、こう言います。

「社長の想い、受け継いでいきます。広げていきます」と。

これは1つの「価値観」であり、「生き方」です。会社で格好良く言うと、「理念」、そして「在り方」という言葉になるかもしれません。また、とても簡単で乱暴ではありますが、分かりやすい言葉にすると、

単なる経営者の「わがまま」と言えるかもしれません。わがままも、通し続ければ、信念になる、と聞いたこともありますよね。

ただ、そこが大切なのです。

その「わがまま」で、あなたの会社はこれまで続いてきたのですから。

これが「企業の核」であり、常に「立ち返ってくる場所」でもあります。

「あなたのわがまま」、つまり「あなたの会社の理念」をじっと見ていただき、場合によっては再設定し、分かりやすくして、それを後継者に引き継ぐ、そのためにその考え方と行動を後継者に見せつけるということです。

どんなに時代が変わって、手作業が道具作業になり、ロボットがするようになり、人工知能（AI）が判断をするようになっても、

人工知能に「わがまま（理念）」を吹き込まなければ、「あなたの会社」は「あなたの会社」ではなく

なり、統計値・ビッグデータから「最も良い」と判断される人工知能が経営する会社になってしまいます。

この「最も良い」は会社によって違って良いはずです。

何が「良い」かをＡＩ（コンピュータ）が決めるのではなくて、「想い、生き方、在り方」という目に見えない大切なものを持った人が決めれば良いのです。

それを「あなた」に決めてほしいのです。

「あなたの会社」ですから。

第5節

右腕の必要性

ここまでで、後継者の選び方と育成にあたって、
・あなたと同じことが「すべて」できなくても良い
・たった一人でなくて良い（つまり、何人かの執行役員のような役割の者に分担すれば良い）
・あなたのわがまま（理念）を理解し、判断・行動ができることが大切である
ということをお話ししました。

ここからは、創業者のあなたが経験をされていないことをお話ししますので、あなたが後継者となったつもりで読み進めてください。2代目、3代目…の皆さまは、引き継いだ頃を思い出しながら懐かしく読んでみてください。

後継者に向けられる3つの「くせに」

後継者をあなたのご子息とします。ご子息でなくとも従業員でも同じようなことがあります。

あなたが社長、そして従業員がいて、その中にご子息がいる。時には、とても若い歳で取締役

となっている場合もあります。

さて、ここで年齢というものと、勤続というものと、人間力（ここでは周りからの信頼と設定します）、そして給与（報酬）という、従業員に固有（一人にひとつずつ）の情報を使ってお話ししてみます。

あなたは社長ですべてを仕切っているのですから、従業員はついて来ます。ついて来てくれているはずです。

さて、ご子息の年齢、あなたの会社での勤続、業務遂行能力、人間力を考えてみましょう。

ご子息が後継者となり、社長となった時に従業員全員から「後継社長、おめでとうございます！」と言ってもらえるでしょうか？　心の底から。

「そんなことはどうでも良い！　社長となるのは、私の息子（社長の息子）だから良いじゃないか、私の勝手だ！」と思われるかもしれません。その通り、勝手で良いのです、あなたにとっては。

では、社長就任後の後継者の会社での立ち位置、振る舞いについてはいかがでしょうか？　こちらを考えるほうが大切なことなのです。
・自分より年下の「くせに」
従業員の中には口には出しませんが、ご子息が取締役や幹部の座に就いた時から、ずっと心良く思っていない人たちもいるのです。

あなたとご子息との年の差は25歳前後あるわけですから、あなたが65歳とすると、ご子息は40歳。そうすると40代・50代でそんなことを思う人がいるのです。妬みと言えば終わってしまいますが、ここではそのようには思わないでください。

・ろくに仕事もできない「くせに」

大学を卒業してすぐ入社したとしても、40歳とすれば、22歳を引いて、勤続＝経験年数18年、それ以上長い間、あなたについてきてくれている人はいませんか？　ともすると、倍以上の勤続年数がある人も。

・本当にできるのだろうか？　あんなに若い「くせに」

人生経験などについての年長者の勝手な懸念です。

・いくら貰うのだろう

人間だから、ここはやむなしです。

こんなことを思っている人たちが、後継者の近くにいるのです。

この3つの「くせに」が厄介なのです。

そして、この厄介な「くせに」が組織内で蔓延すると、「どうせ、…」という諦めの言葉に発展し、組織が壊れていくのです。

そんな状況で、後継者が社長風を吹かせてしまったら、どうなるでしょう。

あなたが後継者を支えている間は、顔にも出さないでしょう。ただ、心の中では先ほどのことを考えているのです。

あなたはお気に召さないかもしれませんが、このようなことを心に秘めている従業員でも会社を動かしていくために後継者にとっては必要な人財ですので、このような人たちを後継者の支援者、味方にしなければならないのです。ここは後継者自身ができることではありません。

まずは、社長の座において経験をさせるべきだ、とはこの状況を想定した上でのお勧めです。その前提には、もう1つの準備があります。それが本節でテーマとした「右腕」の育成です。

右腕は「真の（後継）社長」をつくるための縁の下の力持ち

後継者の社長就任の時には、こんな人がいてほしいのです。
・あなたが信頼できる従業員で、
・会社の中で人間力が高く、
・業務遂行能力もある程度高く、そして、
・何よりあなたのご子息支えとなり、味方になってくれる存在
これが、「右腕」です。

あなたのためではなく、後継者のために、新しい体制の会社のためには必要なのです。

ご子息の場合に限らず、人間という生き物には、嫉妬、妬みなどという厄介な感情があり、自分を飛び越えて昇進したり、給与（報酬）が上がると、ついついこのような感情が湧き出てきてし

若社長
どうなってんだ!!
すみません
少し前
○○ちゃんがんばって!
ハイ
昔はかわいかったのに…

まうものです。

特に、これまで○○ちゃんなどと呼ばれていたご子息が何の説明もなしに社長となってしまっては、その感情は複雑化し、さらに○○ちゃんが（先輩）従業員に怒ったりした時には、完全に会社への忠誠心や愛社精神は消えてしまうのです。「偉そうに、これまで可愛がってやったのに」などという感情が湧き出てきて。

そのようになると、同じ場所ではあるにもかかわらず、これまでと異なる雰囲気、人間関係となり、その中で、後継者は悩み、それが業績に反映し、引退直後のあなたの悩みにもなり、うまく育てたつもりの後継者が窮地に追い込まれてしまうことがあるのです。

似たような例があります。

企業再生などという仕事は、ほとんどの場合、いきなりその企業の社長、取締役などという重役と言われるポジションで迎えられます。その会社には、今度こそは自分が取締役になれる、社長になれる、と思っている人も当然います。その環境の中でミッション(使命)を果たさなければなりません。味方はたった一人、再生を託した人(社長や大株主)だけのときもあります。時には、その他の重役さんは全員、アンチということも。

そんなところへ飛び込んだとき、まず最初の1ケ月は「右腕」選びと育成、「味方づくり」に励み、その後、再生に臨み、短ければ1年間で完了するのですが、もしも最初から何の準備、段取りもせず再生に臨んでいたら、今頃このような本を書くことはできなかったはずです、失敗の山だらけで。とはいえ、ごく稀に就任してからすぐに着手することもあります。そういう場合は、万が一、従業員が誰一人ついてこなかったとしても、たった一人ですべてを解決できる、と判断した時だけです。

話を戻しましょう。

あなたの後継者は、あなたが去った後、たった一人ですべてができるでしょうか?

もしも先ほどお話ししたような感情を持った人の中に、あなたが選んだ重要な役割を果たす執行役員がいたらどうなるでしょう? あなたが会社に残っているうちは彼らも残っているかもしれませんが、あなたがいなくなると言った瞬間に、他の仕事を探し始めるのでは?

そんな時に、必要となるのが、やはり「右腕」の存在なのです。それは仕事の面だけではありません。社内の人間関係、外部(取引先)から品定め、風評など、あなたが偉大であればあるほど、そこに吹く風は強くなります。

そして、もう1つ大切なことがあります。

後継社長には、泣き言を聞いてくれたり、相談ができる社内の人間が必要なのです。そうしなければ後継者はやっていけないのです。たとえ、あなたがいたとしても、父親、身内には言えないこと、聞けないこともあるのです。

「経営者は孤独」

と言われます。私もそうだと思っています。

良き相棒という役割

後継者が辛いときに、話を聞いてくれる人、そんな右腕として例えられる役を演ずる人を昔のテレビドラマでは目にしたことがあります。それは、

「お坊ちゃま、いかがされましたか?」

「お坊ちゃまは、そんなことをしてはいけません。私が代わりにやりますから…」

「実は、お父様も〇〇のように考えているのですよ」

などという代々その家で使えている人、支えてきた人みたいな感じでしょうか?

皆さまの会社で言えば、皆さま(経営者)と従業員の気持ちを理解しながら後継者を支えてくれる人、という見立てでしょう。ただドラマとは違って経営者の右腕ですから、ある程度の仕事は

できなければなりません。そして、周りの不協和音を整えたり、時には後継者を叱ってみたり、それでもうまく行かないときは秘密裏にあなたに状況を教えてくれるような役割の人物が必要なのです。

ただし、皆さまが「右腕」を使うときには、決して「一艘の船に船頭が二人」にならぬよう注意してください。

また、後継者をアピールする時にも、後継者がどんなに仕事ができたとしても、後継者自身が「私は、○○をやってきました。△△ができます」と言えば、自慢話や見えを張っているだけと思われてしまうのですが、

後継者以外の人が「新しく就任した社長は、○○ということをしてきて、現在では△△をしています。とても尊敬できる社長です」というのでは、伝わり方に大きな差が出るのです。まったく同じことを言っていたとしても。こんなことも右腕が行うことによって、社外に対する後継者の支援もできるようになるのです。

いかがですか？　これで右腕が必要、ということはご理解いただけましたでしょうか？

本章のテーマの通り『自分のようになれる従業員はいない』、それはその通りなのです。事実でしょう。

では、お訊きします。

「だったら、どうするおつもりですか?」

仕事であれば、言い訳などを考える前に、「どのようにして、この問題を解決するか?」を考え、決断し、行動に移すはずです、移しているはずです。

それが経営者の役割であり、あなたの素敵なところであり、あなたらしさのはずです。

これが社長としての最後の大切な仕事です。仕上げとして、重い腰を上げて動き出してください。

第6節

「変えてはいけない」こと、「変えなければならない」こと

世の中には、2つのタイプの人がいると考えています。

「今までやってきたことを変えたくない人」

「今までと同じことをやりたくない人」

この2つにはいろいろな想い、考えなど多くの要因が含まれておりますが、ここではこの2つに分けてお話を続けさせていただきます。

企業の業績改善、再生にはスクラップ&ビルド(すべてを捨て真っ白にして、ゼロから創り上げる)という方法をとらなければならない時もありますし、業績の悪い(儲からない)仕事を止めて、良いところだけを伸ばす、という手法をとることもあります。

一見、まったく違う方法に見えますが、この2つの間には大きな共通点があります。

それは経営にも、再生にも、そして後継者の育成にとっても大切なことである

「まずは、やらないことを決める」

「切り捨てることを決めてから実行する」ということです。

スクラップ&ビルドの時にも、後者の場合でも、見定める時には、「限られた資源の中で、何を捨てて、何に資源をつぎ込むか?」と考えます。スクラップ&ビルドをしなければならない時は、捨てることが多すぎて「それなら、全部捨てて、ゼロからスタートしたほうが早い」という判断になる場合でしょう。

限られた資源の中で、「優先順位の高い順から進めよう」と言っていては、結果、資源を有効に利用できなくなるし、時間がかかってしまうだけでなく、その成果も中途半端になってしまうのです。なぜか人間という生き物は、優先順位などという順位を決めるとすべて気になってしまいますし、遣れるものであると勘違いをしてしまうのです。

それより、重要なのは「優先しない順位=切り捨てる順位」なのです。

捨てることから始める

第2節の中で、後継者がやらなくて良いことを見極めていただくようお伝えしました。やらなくて良いということは、会社の他の誰かが行うということです。時には、アウトソーシングと呼ばれるように外部に委託することもあります。

つまり、後継者を見極める上で、後継者に必要ないことを切り捨てていただいたのです。後継

者はあなたのように「すべてできなくても良い」「スーパーマンでなくても良い」とお話の中で見ていただいた、

「スーパーマン（あなた）の仕事」－「組織図、人財配置により後継者がやらなくて良い仕事」＝**「後継者がしなければならない、できなければならない仕事」**

というように。もっと切り捨てることはあると思いますが、これだけでも、後継者の選択肢を広げることができるのではないかと考えています。

ここで冒頭にお話しした2つのタイプの人間と、このやらないことを織り交ぜて、後継者への引き継ぎをまとめてみます。

後継者で実際に引き継ぐ段階、社長交代の前には、

・変えてはならないこと
・変えなければならないこと
・変えても良いこと

という3つを定めることが必要となります。

変えてはならないという部分を、あなたのわがまま（理念、在り方）と表現しました。

そして、変えても良いこと、と変えなければならないことがあります。

変えなければならないことを伝える

ここでどうしても決めていただきたいことは「変えなければならないこと」を明確にしておくということです。ここで変えなければならない、ということは、根本的に見直す、捨ててゼロからやり直すことと考えていただけるとお話が分かりやすいかと。

引き継いだばかりの後継者は、こんな風に悩むことがあります。

「これを変えて良いのかどうか？　先代からずっと大切にしてきた○○を」

こんなことを悩む後継者ですが、実はあなたは、

「そこを本当は変えたかったのだけれど、勇気がなかった、リスクが取れなかったので変えられなかったが、この会社は○○であるべき。そのためには変えなければならない」と思っているということがあります。

どんなに思っていても、伝えなければ伝わらないのです。そこは、後継者にハッキリ伝えてほしいのです。少々、言いにくい内容とは思いますが。

そして、この3つのうちの1つめと2つめは、表現としては悪いのですが、分かりやすい表現をすると、皆さまから後継者への「遺言」「遺志」のようなものなのです。

「変えて良い」というものは、好きにやってもらえば良いのです。

「変えてはいけない」というのは、そのまま引き継げば良いのですが、

「変えなければならない」というのは、現状を壊して新しいものを創らなければならない、先ほどのスクラップ＆ビルドということですから、とても大きなパワーと勇気が必要になるのです。あなたでもできなかったことですから。

その重要性を十分理解しているあなたですから伝えることができるはずです。そして社長就任時から「変えろ！」と伝えておけば、時間軸は別にしても必ず進むはずです。前者のパターンの後継者であれば、なおさらです。

ここを明確に伝えておかないと、

・前者のタイプの後継者は、何も変えない

・後者のタイプの後継者は、何もかも変えてしまう

ということになってしまいます。

ひとこと

変えてはならないことを「あなたのわがまま」、理念と言いました。

時が経ち、時代が変わり、環境が変わり、とても速いスピードでマーケットとお客様の嗜好が変わって行く現在、そしてもっと速いスピードで大きく変わりゆくだろう未来においては、変えてはいけないとした想いも、変えなければならない時がやって来るかもしれません。

その時には、「理念」という「あなたのわがまま」を変えるのではなく、その時代に合わせたミッションを変えることで会社を動かすことができれば、より良い会社が受け継がれて行くと考えております。

時間を十分にとって、後継者と理念、在り方について語り合ってみてください。二人のわがままについて話し合ってみてください。

素敵な意見交換の場であり、共通認識が得られる場になることを期待しております。

それが、「お二人が創る」これからの「会社の未来」です。

第2章

「打てる手はすべて打った」

――という過ち

第1節

育てるために必要な項目を挙げる

後継者がいない、育たないという経営者の皆さまに「どのような選び方と育て方をなさったのですか?」とお尋ねすると、

・後継者(候補)は、いるのだけど、まだ引き継ぐには早い
・息子はいるのだけれど、本当に引き継ぐ気があるのかどうか分からない
・うちは○○業なので、優秀な人材が入ってこないので、教えても育たない。もしくは、うちのような会社では優秀な人材が入ってこないので、引き継げるような人材がいない

というようなとても曖昧で抽象的な答えが返ってきます。

1つめ、2つめについては、後でお話ししますので、この節では、3つめに挙げた「教える」「育てる」「育つ」ということについてお話をします。

経営者の皆さまにこれまでの教え方、育て方についてお訊ねすると、「打てる手はすべて打った。やることはすべてやった。でも、育たない」という答えが戻ってくることがあります。

それを聞いて、「そうですか、分かりました。それではあなたの代で会社を潰すか、売るしかないですね」とは言えませんので、「このような育て方をなさったら、いかがでしょうか?」というお話をします。

育てるための3つの事前整理

育てるためには、3つの事前整理が必要です。

1つめは、「後継者(引き継ぐ相手)に何を教えなければならないか?」という項目を洗い出すこと

2つめは、「誰に教えるか?」つまり「誰を後継者候補にするか?」ということ

3つめは、「どのように教えるか?」ということです。

「打つ手はすべて打った」ということは、少なくとも、この3つが十分に実行されていなければ、そのように「思い込む」には、まだ早い、と思ってください。

では、1つずつ説明をしましょう。

後継者になるためには、つまり、あなたの代わりに会社を経営するためには、どのような

① 知識(製造業では技術力も含みます)
② リーダーシップ(組織をまとめ動かす力)
③ 行動力

④　判断力

⑤　洞察力

などが必要なのでしょうか？

ここで、②③④⑤については引き継ぐ前から十分には備わっているものではない場合がほとんどです。なぜなら、これらは「社長という座」に座って初めて体験することが多いので、後でお話しさせていただくように、まずは「社長の座」に座らせてある程度の期間、あなたと右腕が支えながら、時には失敗をしながら、気付き、習得していく力であるからです。

ですから、ここでは①の知識（時には、技術力）に絞って、まずはまとめていただき、次に②リーダーシップと③行動力と④判断力と⑤洞察力を箇条書きに挙げてみてください。

次は、2つめの「誰を後継者候補」とし、育てるか、ということです。

ご子息・ご子女（お子様、親族）がいれば、まずはその人を第一番に考えることは当然のことでしょう。

ただ、ここで、ご子息・ご子女・親族に限定してしまうことで、選択肢が狭まり、後継者がいないというお話になることがあります。

ここには、2つの問題があって、

1つは、「ご子息・ご子女があなたの会社を継ぐ気があるのかないのか？」

もう1つは、「あなたの会社を引き継ぐだけの能力があるのか？」ということです。

引き継ぐ気があるのかないのかは、訊けば分かることです。ここでは、あなたの会社がどういう会社であって、これからはこのようにしたいのだ、ということなどをご子息・ご子女が理解しているという前提です。何をしているかも知らず、これからの将来性、可能性を知ることなく、毎日、商売が厳しいなどと聞いていては、誰もその会社を引き継ごうとは思いませんので。

では、後継者として必要な能力という部分についてお話ししますが、ここでの能力とは頭が良いとかではなくて、経営者としての適性、先ほど挙げた5つの項目と考えていただくと分かりやすいかもしれません。

ですから、どんなに頭が良くても、学歴が高くとも、従業員をまとめ上げ、お客様・取引先・金融機関との良好な関係を保つことができなければ、その適性はないと考えたほうが良いでしょう。また、どんなに高い技術を持っていたとしても、それを売らなければ会社にはお金が入って来ませんし、金勘定ができないと会社は傾いてしまいますので、このような場合は少々技術力がない者でも、高い技術を持つ技術者をうまく使い、営業部隊をうまく動かし、財務・経理部門を正しく管理することができる人を後継者候補とするほうが良いでしょう。

また、後継者候補を選ぶにあたっての性格、資質については、あなたのように「強いリーダーシップで、ぐいぐい引っ張っていく」タイプ、または、

「人間力と管理能力で従業員の気持ちを1つにまとめ、会社を組織として運転する」タイプのどちらかが良いでしょう。

一人ですべてができなくても良い

あなたの場合は、技術力が高く・営業もでき、金勘定もできてしまうかもしれませんが、そんなスーパーマンのような人はめったにいません。

そして、これまでご苦労をされて会社を創り上げて来られたのですから、

「あなたというスーパーマンから学び」、

「そのスーパーマンを支える能力と技術を持った」従業員は必ずいるはずので、

「誰を社長(後継者)としたら、会社の組織は上手に動くのか?」ということに焦点を当てて候補者を決めてください。

今のあなたの会社は創業の時と比べ、大きく組織も成長したはずので、たった一人ですべてができる人ではなくて良いはずです。そして、あなたの代わりは、一人でなくて結構です。二人でも、三人でも結構です。「三人であなたの一人分」でも良いのです。その中から社長を決め、残りの二人を取締役、執行役員やお話しした重要な役割を果たす後継者の「右腕」とすれば良いのです。

この後継者の選び方、誰にするかについては、後ほど、「第4章　『後継者は親族であるべし』という過ち」、「第5章　『まだ、任せることはできない』という過ち」にて詳しくお話しさせていただきます。

さらに後継者候補選びのための選択肢を増やすためにお話をしますと、

「所有と経営の分離」

という言葉をお聞きになったことがあると思います。簡単に説明しますと「所有」は会社の「株式を持っている」こと、【経営】は【社長をしていること】と考えてみてください。

このような考えをすれば、後継者（社長）はあなたのご子息・ご子女・親族でなくても、【経営】を上手にしてくれる人に任せて、株式「所有」はご子息・ご子女・親族に引き継ぐことで、会社はあなたのご家族・親族の物として引き継ぐという選択肢も見えてきます。

この部分については、「第4章　『後継者は親族であるべし』という過ち」と「第7章　『まずは、資産の引き継ぎが重要である』という過ち」にて詳しくお話しさせていただきます。

理解できる言葉で教える

では、3つめの「どのように教えるか？」について。

いろいろな場面が想定できますが、ここでは、あなたの会社で働いている従業員（ご子息・ご子女、親族を含む）が後継者候補であるという前提でお話を進めます。

特に、血縁関係の場合には感情的になってしまうことが多いのですが、とにかく教える前に、「その相手（後継者候補）がどの程度の言葉であれば分かるか？」ということを理解した上で、教育を始める必要があります。

学校教育を例に挙げて説明しますと、日本には義務教育があり、その後に高校、大学へ進学するという人がたくさんいます。皆さま（経営者）は、会社の中では会社のことを最も知っている大学生と言って良いでしょう。

では、教わる人（後継者候補）はどの学校に通っているレベルなのでしょうか？

高校かもしれませんし、中学校かもしれません、ともすると小学校かもしれません。これは会社の中で必要となる知識や仕組みや仕事の流れをどれだけ知っているか、理解しているかというレベルのことです。つまり、教える側（皆さま）は、教わる側（後継者候補）が分かる表現（言葉）で話さなければ、どんなに時間を使って「皆さまのレベル（になって使う言葉、表現）」で丁寧に教えても、理解させることはできない、伝えることすらできないということを知っていただきたいのです。

小学生に、中学で習うXとYを使った二次方程式の話をしても、分かるはずがありません。なぜなら、小学校では習っていないので、知らないからです。そういう場合は、小学生が分かるような内容にかみ砕いて、分かる言葉で教えてあげることが必要です。

大切なことは「伝えたい内容」を「相手が理解できる言葉」で伝えること、どのような言葉を使えば、相手に伝わり、分かってもらえるか？　ということを意識して話すことです。

「理解できる言葉」という表現を別の表現でお話ししますと「習ったことがある言葉」「知っている言葉」と言い換えることができます。

また、使う「単語」においても、同じ日本語でも、聞いたことのない「単語」であれば、どんなに分かりやすく説明したつもりでも、「使っている単語」の意味が分からなければ、何を言っているかさっぱり分からないはずです。中学生が英語を学んでいない小学生に英単語交じりで話しているようなものです。

皆さまにもこれに似たような経験はありませんか？

例えば、金融機関に勤める人たちやコンサルタントと呼ばれる人たちが、「デューデリ」(Due Diligence、M＆Aなどで買収対象となる企業の価値やリスクなどを調査すること)とか、「アサイン」(assign、担当する)とか、「コレポン」(correspondence、やり取り)とか、「ＮＤＡ」(Non Disclosure Agreement、秘密保持契約)などの横文字(英語単語)やそれを省略した「単語」を使い早口で話をされて、まったく何を言っているか分からなかった、などということは。

私もこれまでいろいろな業種の仕事に携わって参りましたが、業種によっては聞くこと聞くことが初めて聞く言葉(単語)ばかりで、何を言っているかがまったく分からないこともありましたし、知っている言葉(単語)でも、それまで私が普通に使ってきた単語の意味とまったく違う意味で使われていたこともありました。

極端に言うと、「会社によって単語の意味が違う」ことがあるということです。私の場合は「聞くは一時の恥、聞かぬは一生の恥」と思える者ですので、分からないことはその場で訊けますが、後継者、従業員たちは、「社長に訊いたら怒られるのではないか?」「頭が悪いと思われるのではないか?」と思って訊かないことも多いのです。だから、こちらが優しくして(相手のことを分かって)あげないといけないのです。

そして、少し難しい言葉を使うとしたら「心理的安全性の確保」がされた環境を創らなければならないのです。この「心理的安全性」とは仕事上のことで何を言っても怒られない(極端に言えば、クビにならない)、自由に意見を言っても聞いてくれる、というような心の安心感のことです。

最近では少なくなってきていますが、「今日は忘年会だから無礼講だ、何でも言って良い」というお決まりの文句の「ノンアルコール就業時間内バージョン」と言えば良いかもしれません。

とはいえ、忘年会での無礼講という意味は、何でも言っても良いということではないですよね。この言葉を真に受けて「真実をありのまま」に言ってしまった者たちが、深夜まで説教をされているという風景に何度もお目にかかったことがありますので。やはり、節度というものも大切です。

教えるということは、難しくて手間がかかります。時間もかかります。ただ、そうだからこそ育った従業員を見ると嬉しくてたまらないものです。

仕上げは「これで、できますか?」

では、相手のことを十分意識し、分かってあげて説明した後での仕上げの言葉をお伝えします。説明をし終えたら、必ず最後に、

「これで、できますか?」

と訊いてください。

そして、「分からないことは何でも訊いてください」と優しく伝えてください。

これで、あなたの言葉が伝わったかどうかが確認できるとともに、知っているという曖昧なレベルでなく、行動できるというレベルでの引き継ぎが始まることになります。

第2節

それを引き継ぐためにどうすれば良いかを書き出す

では、書き出した内容を「引き継ぐ」ためにはどうするか? を考えてみましょう。ここでは、書き出した内容を「教える」とは言いません、「引き継ぐ」と言うことにします。この2つの言葉には大きな違いがあります。

教えるのではなく、引き継ぐ(できる)ようにする

「教える」というのは、あなたの言ったこと、説明したことを相手に「理解させる」「記憶させる」ことです。

「引き継ぐ」というのは、あなたの言ったこと、説明したことを相手が「できるようにする」ことです。

育てるために必要な項目を挙げていただいたはずです。では、それができるようになるためにはどうすれば良いかを、考えてみましょう。

ここで、もう少し皆さまにお願いしたい作業があります。

できるようになるための6つの分類

それができるようになるための6つの分類です。

①　口で教えればできること

②　目の前で何度かやって見せれば、できること

③　口と手順書(マニュアル)を作成して渡せば、できること

④　口と手順書(マニュアル)を作成して渡しただけではできないので、一緒にやりながら教えれば、できること

⑤　後継者がやってみればその(経験)回数によって、できること(この場合は、あなたができていない部分を指導しながら進めてください)、つまり、回数を重ねればできること

そして、厄介なのがあります。これが課題です。

⑥　どうやって教えれば良いか分からないこと

この厄介な課題については、後でお話ししますので、まずは書き出したものをこのように①から⑤に区分してみてください。

ここまで来るとお気付きになると思いますが、整理してみるとそんなに教えることは多くないということです。ただ、実際に教えてみるとここに挙げたことだけでなく、関連する項目がたくさん出てきますので、まずはあなたが思う限りを挙げていただければ結構です。次節で「具体的

にどのように必要な項目を洗い出すか?」ということをお話しします。

さて、ここで挙げた項目に対して、皆さまがこれまで後継者に対して教えた方法を少しだけ思い出してみてください。

「すべての手」を打ち切るには、時間と手間と熱い情熱とたっぷりの愛情が必要なのです。

第3節

書き出した内容を後継者が分かるまで説明する

堅苦しく考える必要はありません。

書き出した中の1つの「①口で教えればできること」か「②目の前で何度かやって見せれば、できること」のどちらかを実際にやってみてください。

さて、結果はいかがでしたか？

後継者はあなたのように上手にできたでしょうか？

この節の表題は「分かるまで説明する」です。本来なら「できるまで説明する」とお話しするつもりだったのですが、書いている最中に、ふと、こんなことを思いました。

・分かるまで説明しても、説明の内容が分かれば「できる」のか？

・とはいえ「できる」ためには、まずは「分かる」ことが必要であると思い、ここでは「分かるまで」と書きました。

「理論」とか「理屈」を「理解」してから、初めて行動するという人も多いのですが、多くの場合、皆さまの言葉、動き、説明書などには、その「理論」とか「理屈」は表現されないので、「なぜ?」「どうして?」という疑問ばかりが生まれてきて先に進まなくなってしまうことがあるのです。

面と向かって説明する価値

これが二人で「面と向かって説明する価値」なのです。面と向かって説明すると、その場で、

「そこを説明しなければならないのか」

「こういうところも教えなければならないのだ」

など、説明をしているあなたが教え方も理解できるとともに、後継者の理解度も把握できることができるのです。

その中では、後継者が

「さすが! よく知っている」という部分もありますし、その反対に

「こんなことも知らないのか、よくそれで今までやってきたな?」という部分もあります。

これは、6つに分類した中で、最も簡単に引き継げるはずの項目ですので、その他はどうすれば良いのか? と不安になられる皆さまもお見えになるかもしれませんが、すべて同じようにすれば「理解をさせる」ところまでには辿り着くことができます。

あくまで「理解」「分かる」であって、「できる」というところには到達しておりませんので、勘違いなされませんように。

どうやって教えれば良いか分からないことを、教える方法

前節で「厄介なのがあります。これが課題」です、と挙げた、⑥　どうやって教えれば良いか分からないこと

これはどうすれば良いのか？　ということですが、実はこれも同じ方法で良いのです。深く考えずに、いつもの通りに後継者に「これをやってほしいので、見ていてくれ、聞いていてくれ」と伝えて、見せて、聞かせて、そして、「これで、できますか？」と訊いてみてください。そこで後継者から返ってくる言葉が「何をどのように教えれば良いか？」の答えです。まずは、分からない部分を解決してあげてください。そして、どのように考えれば、手を動かせば、道具（設備、ＰＣなど）を使い、従業員または業者を動かせば、できるようになるのかを教えてください。

そして、いつもの通り「これで、できますか？」と訊くか、実際にやらせてみてください。ここまでお読みになったあなたですから、以前と比べて、教え方はかなり上達しているはずです。

とはいえ、いくら上手になっても、会社という生き物を扱っている以上、どこまでやっても課題は尽きないはずです。

課題が多いほど会社は伸びる、と言われていますので、楽しみながら解決していきましょう！

第4節

分からなければ、分かるまで訊くのが当たり前、私はそうだった

皆さまと同じように私もそのように育ちましたし、今でもそのようにしております。だから、経営者を続けることができているし、僭越ですが、このように皆さまに『7つの大罪』についてお話をさせていただけるのだとも思っております。

とはいえ、皆さまの後継者、従業員が訊きに来ないのであれば、その想い(もしかしたら、わがまま)を押し付けても、望んでも、気分が悪くなるだけで、何の結果も出ないのですから、皆さまが変わらないといけないのです。ですから、私はこのように考えることにしました。

訊きに来るようにするのが当たり前

「当たり前」という前に、ひと工夫をし、その「当たり前」のように動くようにすることが必要なのです。

そのためには「自分ごと」にすることです。

そして、そこで使う言葉もとても簡単なこの2つです。

1つは、もうお分かりになりますよね。そうです。

「これで、できますか？」です。

そして、もう1つは、

「では、○○（時間または日程）にやってみましょう！」

これで、聞いている相手は自分でやらなければならないという意識、つまり「自分ごと」になります。時に「なぜですか？　どうしてですか？」と訊かれることもありますので、その答えは事前に準備しておいてください。パワハラにならない言葉と態度で。

そうなったら、分かろうとします。分かっていなければ、○○（時間または日程）にやることができないからです。そして、同時にその行動の重要性、価値を伝えることで、意識はさらに高まります。ただし、年代により響く言葉と響かない言葉がありますので、相手の年代に合わせてアレンジしてみてください。例えば、

「私が○○（教えてもらったこと）をすることは、この会社にとって○○の価値がある（価値）」

または、

「私が○○をすることによって、皆に貢献できる。褒めてもらえる（同僚への貢献、賞賛）」

などです。

特に、年齢が若ければ若いほど「お金（給与や賞与）」の多寡よりも、自分がどれだけ周りに貢献

できるか、褒めてもらえるか、反対に周りに迷惑をかけるか、などということに重きを置いている人が多くなっているように感じます。

例えば、こんなことがありませんか？

昇進話を持ち掛けたら、嫌そうな顔をされ、給与や賞与が上がるということを伝えたら、さらに嫌そうな顔をされた。そして、自分（上司）よりも、同僚のことを気にしているように見える。

「なぜ？」

そうなのです。出世や昇給よりも、皆と一緒が良い、認めてもらいたい、成長したい、好きな人と働きたい、好きな人のために働きたい、自由な時間が欲しいという私たちのような世代とは異なるところに高い「価値観」を置いている従業員もいるのです。その割合は、年を追うごとに多くなってきているのではないでしょうか？　ですから、そのような「価値観」の従業員には、そのような「価値観」を理解した上で、物事を伝えることが大切であり、相互に理解し合えるようになることが、とても大切なのです。

少し話は脱線しますが、好かれる上司（デキる上司）になるための方法というものもあり、この本では詳しくお話しできませんが、手短にお話しすると、

「自分（従業員）のことを気にしてくれる人」

「自分のことを知ってくれている人、褒めてくれる人」、そして、

「成長させることができる人」になることです。

そうすれば、彼ら（部下）はあなた（上司）のことを認め、ついてきてくれるようになります。これも、相手の「価値観」を理解する、ということからのスタートです。ここは皆さまだけで温めておかず、会社の幹部の皆さまにも伝えてあげてください。幹部の悩みが少しは解決するかもしれませんので。

選ばれし経営者

整理してみましょう。

・相手のレベルに合わせた分かる単語、言葉で教える
・「これで、できますか？」そして、「では、○○（時間または日程）にやってみましょう！」で、自分ごとにする
・仕事の重要性、価値、会社または同僚への貢献など、相手（の価値観）に合わせて心に響く言葉を付け加える

という3つを実行することが、

『分からなければ、分かるまで訊くのが当たり前』

という皆さまの想いを実現するために必要なことです。

『分からなければ、訊くのが当たり前、私はそうだった』という思い出は、時代の変化とともに一

筋縄では通用しなくなってきているのかもしれません。
ただ、そのような思い出を持ち、実行してきた人であるから、現在、多くの従業員を率いて会社を経営することができているのではないでしょうか？

選ばれし経営者として。

第5節

「はい」という「いいえ」と「分かりました」という「分かりません」

どういう意味？　と思われる皆さまが、ほとんどでしょう。

2つの例を挙げて説明してみましょう。

1つめは、あなたが従業員を叱っている時です。

釈迦に説法とは考えますが、振り返りのために、叱ると怒る、の違いを先に。

・叱る＝相手のことを「考えて」、淡々と誤った「行動」を指摘することで、「改善」し、成功までを支援する（同じ過ちを引き起こさせず、成長させるため）こと

・怒る＝「感情的」になって、誤った行動を指摘し、時には関係ないことまで指摘し、最悪の場合、人格否定までしてしまうこと→パワハラ寸前、もしくはパワハラ

ずっと、こう言い続けているのですが、経営者の皆さまが、叱っている場面にはほとんど出くわしたことがありませんので、怒っている場合のお話をします。

まず、怒られている従業員はその場で何を考えているのでしょうか？　どう思っているので

しょうか？

A．申し訳ございません。次は失敗しないので許してください。失敗しない方法を教えてください。

B．うるさい上司だ、何でそんなに感情的になるのだ、とにかく、この場を早く終わらせよう。

C．そんなに感情的になるまで怒らせてしまって申し訳ございません。気が済むまで、怒ってください。

この他にも、いくつものパターンがあると思いますが、ここではこの3のパターンで考えてみます。

まず、Cと思ってその場にいる従業員は、ほぼゼロに近いでしょう。

残るは2つですね、AかB。

たとえ真面目で素直な従業員がAの状態であなたの話を聞いていたとしても、あなたが感情的になってしまう、つまり怒ってしまうと相手の気持ちは、Aから少しずつBに向いて動いて行ってしまいます。

その場を収めるために使われる「はい」と「分かりました」

すると、「とにかく、この辛い時間を少しでも早く終わらせたい、この場を収め、少しでも早くこの場から逃げ出したい」という心理状態になり、その時に発せられるのが、この

「はい」という「いいえ」と、

「分かりました」という「分かりません」です。

とにかく「何も否定せずに、この場が収まれば良い。この場を終わらせ、部屋の外に出よう」ということがゴールになってしまい、極端に言えば、どんなことにでも「はい」「分かりました」と答えるのです。答えるというより、口を開くだけです。そうすると、感情的になって怒っていた皆さまも時間の経過と相まって、徐々に感情が落ち着き、その場が終わるのです。何の成果も残さずに。

怒られた相手は嫌な思いだけを持って、その場を出て行くのですが、さて、皆さまはいかがでしょう？

「あれだけ言ったから、次は大丈夫だろう」「分かりました」と言っていたし。

さて、この「分かりました」は、どういう意味でしょう？

2つめは、三人以上の人が集まる場所（打ち合わせや会議の場）でのことです。

こういう場（人前）では相手を叱っても、怒ってもいけません。理解したかどうかを個人に訊くことも避けたほうが良いでしょう。

ご自身に置き換えて考えると、分かりやすいはずです。では、質問です。

あなたが出席する社外で行われる会議や会合(司会者：仕切りはあなたではありません)において、司会者から「何か質問はありませんか?」と言われたときに、すぐに手を挙げて訊くことができますか?

「○○ということが分からないので、再度、説明してください」「もっと分かりやすく説明してください」などと言えていますか?

人間にはメンツというものがあり、恥ずかしいという感情もあり、さまざまな行動を遮る感情や価値観があります。特に、このような感情や価値観は人前で大きくその行動を制御することがあります。

あなたと部下の二人だけの場合で、部下と良い人間関係、信頼関係が保たれていれば、分からないことを素直に訊くこともあるでしょう。

メンツを保つために使われる「はい」と「分かりました」

しかしながら、たった一人でも同僚や後輩が近くにいたら、こう考えてしまうのです。

「後輩の前で、自分が分からないことがバレたら恥ずかしい、どうしよう?」

「分からないけれど、○○にバレるのは嫌だから、分かりましたと言っておこう!」と。

同僚同士でも近いことが言えます。

そして、最も危険なことは、二人とも分かっていないのに、二人ともが同じ感情で、「はい」と

「分かりました」を使わせてしまうことです。

そして、二人はその場から解放されて、こういうのです。

「社長（上司）はいつも何を言っているか、分からないよな」と。


ここまで読んでいただいて、前節でお話しした「分からなければ、分かるまで訊くのが当たり前」という「思い込み」、「希望」、「夢」はさらに遠くなってしまったのではないでしょうか？

とはいえ、「知っているのと知らないのは大違い」ですので、これから従業員と接するとき、それだけでなく、お子様、配偶者様も含めて、もしかしたら、こうなのかもしれない（前述のどれかにあてはまるかもしれない）と思い出していただくことで、状況は改善されるはずです。

ここでも、先ほどお話しした「心理的安全性の確保」を備えた環境ができていれば、この2つの理解しがたい言葉も、1つの意味しか持たない言葉となるのです。


難しいですね。人と人とが正しく分かり合うことは。

ただ、これがすべての基本になることですので、この本を手に取っていただいたことを機会に、ご理解いただき、実践をしていただくことで、その成果が生まれれば、著者としては喜びの限りです。

ひとこと

さあ、ここまでが「打てる手のすべて」のちょうど半分くらいです。

どのくらい「打てる手」を打たれていたでしょうか？

もしも、一つでもやり残していることがあれば、すぐに「打って」みてください。

すると、後継者の姿が少しずつ見えてくるはずです。

もっとはっきりとした後継者の姿を見ていただきたいので、次の章では本章をさらに掘り下げてお話ししたいと思っております。

きっと素敵な未来が見えてくるはずです。

第3章

「あなたの言葉が正しく伝わっている」

――という過ち

第1節

従業員はあなたのことをどれだけ知っていますか？

仕事では社外の人と初めて出会った時には、まずは名刺交換をします。なぜ、名刺交換をするのでしょうか？　そんなこと当たり前だ、とおっしゃられると思います。

姿勢を正し、両手で丁寧に名刺を持って、

「はじめまして。私は○○会社の○○(名前)です。」と名刺をお渡しし、その後に相手からも同様にお伺いし、両手で丁寧に名刺をいただきます。時には、頂戴いたします、と添えて。

決して、いきなり「あなたの名前は何ですか?」と言って、商談などに入ることはありません。

初対面での商談ですと、名刺交換とその商談内容だけでは相手のことが十分に分からず、答えが出せないということがあると思います。これは相手の会社、相手を信じるには情報が足りていないということが大きな原因でしょう。しかし、一方では異業種交流会など初めての人たちが集う会で出会い、その後の懇親会などでお酒も入り、相互の理解が深まり、すぐにお付き合いが始まる、ということもあります。

相手を知るために、まずは自己開示をする

この差はどこにあるのでしょうか？　前者のほうが仕事に直結するにもかかわらず答えが出るのが遅い理由は？

これは、自己開示の量の差によるものと考えることができます。

例えば、初めての面談での商談中に、あなたがどんなに相手を質問攻めにしても、商談相手が質問をしている人（あなた）のことを知らなければ、的確な回答ができないのです。あなたがレストランを経営しています、と名刺交換の時に言ったので、相手はレストランであれば牛肉が売れる、と勝手に思い込み（実際に経営しているのはシーフードレストランなのですが）、牛肉の話をどんなに上手に話しても、あなたはあまり興味を持たないはずです。当然、話の途中で私の店はシーフードレストランです、ということを伝え、話の流れを正しくするはずですが。

また、あなたが飲食業（実際に経営しているのは、客単価２万円以上のフレンチレストラン）と言ったので、相手は居酒屋（客単価２千円）と勝手に思い込み、相手が客単価２千円の食材の話ばかりしても、あなたは興味を持ちませんし、会話もはずみません。この場合、私の店はフレンチレストランなので○○な食材しか使いません、とは言いづらいですよね。

つまり、自らが先に「自分のこと」を正しく相手に伝えないと（自己開示しないと）、相手がどんなにあなたに応えようとしても、想像しなければならないことばかりで、的確な回答・返事がで

きないということです。もっと奥深くにあるのは、相手との距離感が縮まらないので、同じ話をしていてもその内容が相手に響かないのです。そのためには、二人の間で「共感」であったり、「信頼」というものが必要なのです。

こんなことがありますよね。

「Aさんから提案を受けてもやる気がしないけれど、よく知っているBさんから同じ提案を受けたら、やってみようと思う」

この違いは相手のことを知っているかどうかの違いであって、提案内容の違いではありません。

では、お聞きします。

「従業員は、あなたのことをどれだけ知っていますか？」

社外の人、特にお客様やこれからお客様になるだろう人には、自社の業務内容・理念・ミッション・製品・サービスについて、いろいろとお話をするのですが、なぜか社内においては、自社の話、そして「あなた自身のお話」をしないのです。話すとすれば、予算・目標などの数字（お金）についてだけでは？

場所を変えての自己開示

ここで、無理やり時間を使って会議などであなたが仕事に関係ないプライベートを自己開示してください、と言うつもりはありませんが、相手に何かを伝えるとき、指示をするときには、「なぜ、いまあなたがこれを伝えているのか?」という背景(理由・考え)も同時に伝えるようにしてみてください。これもあなたの想いを伝える立派な自己開示の1つです。

これを何度か続けると「そうか、社長はこういうことを考えているのか!」ということが少しずつ伝わり、あなたのことが分かってくるはずです。

最近では、仕事帰りに飲み屋で一杯やりながら、ということも少なくなってきている、というか、時代もあり、難しくなってきてはおりますが、年に数回はそれをするのも良いかもしれません。それが無理なら、年に数回、何らかの理由をつけてランチミーティングとして、会社の近くで少しだけ高級なレストラン(従業員が憧れているようなレストラン)でランチをするのも、お互いを知る上で、良い場となることでしょう。会社の中で話すのと、外に出て話すのでは、気分が変わり、プライベートのことも話しやすくなりますので、あなたがどういう人であるかを伝えることも容易になりますし、相手のことも知ることができます。

私の場合、新しい会社に招かれた時に真っ先にすることは「自分がどんな人物か知ってもらうこと」、「この会社では、誰の意見を聞くことが正しいのかを知ること」、そして「右腕となる人物を探すこと」です。

なぜなら、最初にこれをしておかないと物事がうまく進まないからです。つまり自己開示をして距離感を縮めることと、正しい情報を集めるための前準備をするのです。

出社1日目の朝礼の場で、「新しく取締役に就任する○○○さんです」と紹介されても、聞いている人は私が何をするために入ったかも分かりませんし、職歴を職歴書の通り読まれても、それこそ、何でこんなヤツが突然入ってきたのだろう？　と混乱を招くだけです。

それでいて、私を招き入れた社長や株主からは「ここがあなたの部屋です。期待しています」と言われ、数名の取締役らとの面談または会議をして「では、よろしくお願いします。分からないことがあったら、○○部の○○部長に訊いてください」で終わりです。これで、私が管掌することになる部門の前でいきなり「何かを喋れ」と言われても、聞く相手がどんな相手で、どんな感情を持っている(たいていは悪い感情です。なぜなら、突然、取締役などというポジションで入ってくるわけですから)かも分からないのに、何を話せば良いか困ってしまいますし、「そもそも」聞いている相手に伝わる気がしません。

とはいえ、私もプロですので、そこはキッチリ役目は果たします。ただ、そこで私がするのは自己開示だけです。○○○という男が突然重役として入ってきた、ということで当然ながら従業員は警戒しています。その警戒を解きほぐすために、自身の生い立ちや考え方などを伝えて「なんだ、そんなに嫌なヤツではなさそうだ」とか、「結構、言うことを聞いてくれそうな上役が入ってきた」というところへ持っていきます。

喫煙部屋は生きた情報の宝庫

そして、できる限り早くその会社の状況を知るために、タバコを吸い始めます。その理由は、

① 個室に押し込まれていては、生きた情報が入ってこないこと

② 従業員と同じスペースに席をおいても、その周り部門の情報しか入ってこないこと

③ 立場上、会議をする相手がある程度の職位の者になってしまうこと（それが本当に正しい情報なのか？）

④ 右腕候補の情報を入手するため

この4つくらいなのですが、タバコを吸い始める理由は「喫煙部屋（タバコ部屋）」には部門、役職などという区別がなく、かつ、自由な話ができる、聴ける場所に「仲間入り」するためです。そこでは、とても声も掛けやすいですし、本当の情報がたくさん聴けます。それも、多くの部門の話が。また、ここで自己開示をすることにすると、1日に何度もいろいろな部門の従業員に自己開示ができ、短期間で皆との距離感を縮めることができるのです。

また、このような場ですから、どこの部門では誰の言うことを聞くことに価値があるか、ということと同時に社内の役職には比例しない「力関係」ということも知ることができます。その情報を仕入れ、今後の展開において誰を「右腕」にするのが良いのかなどを判断する材料にもします。突然飛び込んで行って、右も左も分からず新しいこと（改革）を始めるのと、第1章でお話しした

「右腕」という会社や従業員の事情を熟知した従業員を味方にして進めるのでは、圧倒的に物事の進む速度が変ってきますので。

そして、ある程度落ち着いたら、禁煙体制に戻します。ただ、最近では建物全体が禁煙というのも増えてきたので、今後はこの手が使えなくなるかもしれませんが、どこかにはそのような場所（例えば、休憩室など）があるでしょうから、その部屋を使って、自己開示と正しい情報収集をすることになるでしょう。

ちょっと高級なランチミーティングでお互いを知る

また、時には15分程度の時間を使って、新入社員が入ってきた時に行うワークショップ（ゲームのようなもの）を「チームメンバーのコミュニケーションをさらに良くするため」という名目を付けて行うこともあります。本当の趣旨は、私のことを知ってもらうためにするのですが。

とはいえ、なかなか仕事中に皆の手を止めさせるのも難しいので、多くの場合はランチタイムを使ってワークショップをします。先ほどお話ししたようなちょっと高級なレストランで。6名ほどで行いますので、一人2千円としても1万円で、5人のことが知ることができ、かつ、自分を伝えることができるのですから、安いものです。そして、当然、この費用は自腹（ポケットマネー）で払い、領収証はもらいません。ここでも、「会社のお金」ではなくて、「自分のお金」でご馳走してくれた。「この人は、これまでの上司（上役）とは違う」ということを伝えることもできるのです。これは企業再生を任された立場だからというより、私のポリシーです。このようなちょっとしたことだけで、その後の動きは変わってきます。これが私の入社2日目の「仕事以外」の「大切な仕事」です。

長々とお話ししましたが、物事を人（他人、自分以外の人間）に伝えることはそんなに容易なことではありません。ただ、やり方によっては、そこに辿り着くまでの時間を短縮することができるのです。

特に、後継者を育成するということはランチミーティングをするだけで完了するほど容易なことではありませんが、第2章でお話ししたことと、ここでお読みになったことを3ケ月でも続けていただければ、状況は改善するはずです。すぐに、着手することをお勧めします。

少しだけ変わり大きく変える

さて、突然ですが、あなたは目の前にいる従業員にとってこの5つのどれに当てはまる人でしょうか？

・同じ趣味の人、同じ町の出身の人、同じ学校出身の人
・私のことをいつも気にしてくれる人
・私のことを知ってくれている人
・私のことを大切に育ててくれる人

・自分の会社の社長という人

1つめは、不可能な場合もあります。とりわけ、過去は変られませんので。

5つめ、「これだけ」かもしれませんね。

2つめ、3つめ、4つめは、あなたの意識と行動で変えることができます。

人(他人、自分以外の人間)は簡単に変えることはできませんので、まずは、あなたが少しだけ変わってみたらいかがでしょう。

ここまでお話ししたことが、人と人との距離感を縮めること、信頼を得ること、時に価値観が共有できる足掛かりとなるはずです。

もう一度、お訊きします。

従業員は、あなたのことをどれだけ知っていますか？

第2節

伝えたと伝わったは大違い

本書の前半では、読者の皆さまが後継者候補を正しく見極めていただくための大切な内容であるため、類似したお話を視点や切り口を変えてお話しさせていただいておりますが、そこは皆さまにどうしてもご理解してほしい、頭の片隅のどこかにでも置いてほしいという著者からの想いであるとご理解ください。では、続けます。

伝えた「つもり」で大失敗

二十代で人事部人事課という部門を任され、数千名の従業員の賞与決定作業をしている時に、その過ちを知ることができたのです。

部下に伝えたのは、こうでした。

「スケジュール変更があって、明日の朝までに賞与を決定しないと経理部門が期日通りに支払うことができないと言っている。申し訳ないが、夜遅くなっても、賞与を決定しよう!」

そう伝えて席を外し、いくつかの会議に出席し夕方に戻ってくると、課員のほとんどが深夜までの残業を覚悟したようで夕食に出掛けていました。どれくらい進捗しているかが気になり、残っていた部下に進捗を聞いて驚いたのです。

査定(賞与を支払うための基準とされる半期の業績評価、賞与評価)確定までの進捗率は約半分の50%、その日の朝から作業には取り掛かっていたので9：00～17：30、昼の休憩を除いて、実働7時間30分。ということは、これから7時間30分、つまり、真夜中の午前1時頃に査定が確定する。しかし、疲れてくればその処理速度と精度も悪くなり、女性は22時までには帰宅してもらわなければならない。ということは、査定確定は早くて午前2時、遅ければ午前3時。その後、その査定を利用して賞与を計算するために1時間、その後の確認に3時間、とすると午前7時に、何のトラブルがなかった場合には完成する。何かあったとしても2時間で解決しないと午前9時には間に合わない。つまり、寝ずに進めて期限に何とか間に合う計算になったのでした。

なぜ、こんなに時間がかかるのだろう？　そして、なぜ、彼は涼しい顔をしているのだろう？と思った瞬間、ハッと気付いたのです。部下たちは

「賞与を決定しよう」という私の言葉を、

「査定を決定しよう」と理解したのだと。

よくよく考えれば、スタッフ全員が中途入社で、彼ら彼女らが勤めてきた会社によっては「人事課が決めるのは査定まで」で、「その後の賞与の計算」は「勤労課とか経理部門などの他部門」が行うというように、会社によって業務分担が違っていることがある。さらにメンバーを見回して

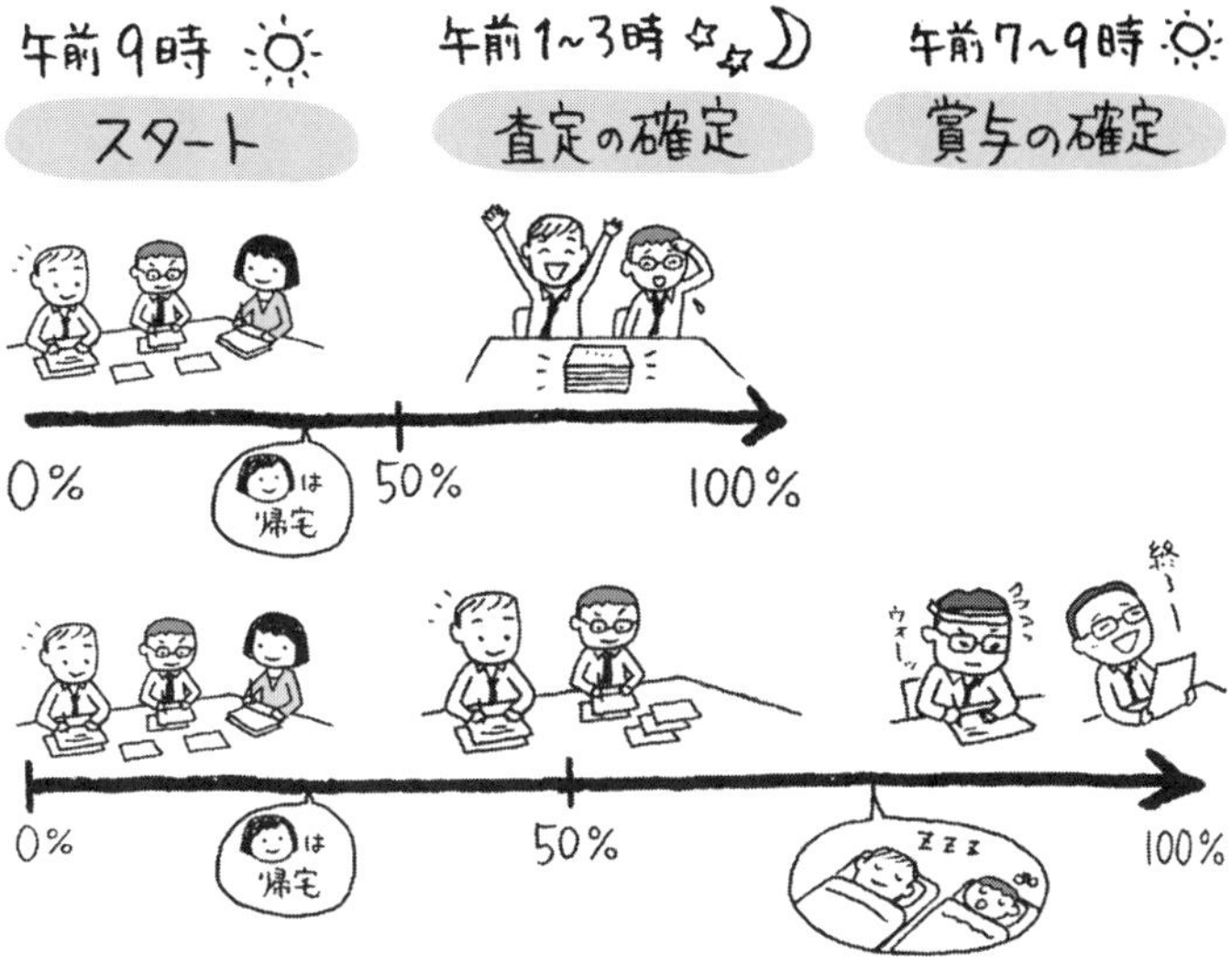

みれば、その中にこの会社で賞与決定までの実務を行ったことのあるメンバーがいない。そして、私が起こした更なるミスは「仕事の全体像とその流れを説明していなかったこと」、つまり「どこからどこまでを、いつまでに完了する」ということを正しく伝えていなかったことだったのです。

「完全に私のミスだ。説明すれば良かった。確認すれば良かった」

結果としては、ある程度のところまで進捗した段階で、皆を休ませ、私がこの責任を取り徹夜(俗にいう、完徹)をして期限までに提出し、何とか事なきを得たのですが、この作業をしている間ずっと、自身の不甲斐なさと愚かさと未熟さを感じていました。いまから思うと、それが後のための良き経験とはなったのですが。

その後、ずっと気を付けていたので、同じような過ちを犯すことはなかったのですが、5年ほどの時間が経ち、働く場所が変わったところで気が緩み、過ちを犯してしまいました。

確認をせずに大失敗

それは三十代中盤になり、海外でのホテル事業を任された時でした。

当時私は、そんなに英語が喋れる者ではありませんでしたが、どうしてもその日のうちに終わらせなければならない仕事があり、現地の従業員に私の拙い英語で仕事を指示しました。指示をした後に、外部での打ち合わせがあったので外出し、夕方18時ころに会社に戻ると彼の姿は見当たりませんでした。そして、彼の机の上を見ると指示した仕事が中途半端なまま置き去りにされていたのです。そうです、

「仕事を終わらせずに帰ってしまっていた」のです。

その時も以前と同様に一人で進めようとは思ったのですが、英語での対応でしたので一人ではできず、現地の従業員の協力を得て一緒に対応し、ここでも運良く、期限に間に合わせることができたのです。ただ、眠い目をこすりながら、ずっと考えていたのは「なぜ彼は、仕事を終わらせずに帰宅してしまったのだろう?」でした。

「ご家族に何かあったのか?　それとも…」、と。

どうしても気になって仕方なかったので、一緒に手伝ってくれた現地の従業員に尋ねると、彼

は言いました。

「あの人は英語がほとんど分からないので、いつも彼とは中国語でコミュニケーションを取っています。あなたは、彼が理解しているかどうか確認しなかったんですか？」と。

私がいつも従業員に伝えていることをオウム返しの「ど直球」で返してきたのです。

「また、やってしまった！」

「勝手に、彼が英語が分かると思い込んでいた！」

自分が伝えたつもりになっているだけで、相手には伝わっていなかったのでした。忙しさのあまり、そして少々偉くなった奢りから、また手を抜いてしまったのです。そして、その私の過ちのために従業員にも大きな負担をかけてしまったのです（海外において、残業はとても嫌がられることなので）。これでは、この国の仕事を全うすることができない。もう一度、原点に戻らなければ、と心に誓った瞬間でした。

少々、趣の異なる2つの例を挙げさせていただきました。1つめの失敗を起こした時に「正しい伝え方」に気付き、2つめの失敗の時に「伝わったかどうかの確認が必要」であるということに気付くことができ、その後、約20年間、なんとかそのような過ちを犯さずに済んでいます。

皆さまにも、このような経験があるのではないでしょうか？

自分を例に挙げて言うのは気恥ずかしいのですが、あの時、

「なんで、このスタッフたちはこんなことが分からないのだ！」

「分からないなら、はい、と言うな！」
「分からないなら、分かるまで訊け！」(どこかで聞いたようなフレーズですね)
と、それを他人事・他責とし、自身を正当化し、相手を怒っていたら、ずっと同じことの繰り返しであっただろう、と少しだけ気付いて反省して考えと行動を改めた自分を褒めたくなります。
皆さまと同様、誰も褒めてくれませんので。

自分が変わる、終わり良ければすべて良し

当然ですが、自分でも努力しましたし、彼ら彼女らにも手間暇かけていろいろなことを教えていました。諦めずに育て続けました。特に、言葉も国籍も文化も違う者たちへの教育には多くの時間と情熱と愛情を注ぎました。
そこで痛感したことは、他人を変えるより、自分を変えるほうが何倍も簡単で、時間もかからない、ということでした。自分は自分でコントロールできますが、人(自分以外の人間)は簡単にはコントロールできません。ですから、私は、「人は思ったように動かない」と考えるようにしています。

ぜひ、伝わったかどうかの確認を忘れずに。

分かるとできるは大違い

前節では「伝わった」かどうか、ここでは「分かった」かどうか、と「できるか」どうかについてお話しします。

「伝わった」かどうかを知りたくて確認したら、伝わっていた。

これは「ほぼ、分かった」と解釈して良いでしょう。

しかしながら、決して「できる」もしくは「できるようになった」と解釈してはいけません。例えば、

「資料（A４縦、横書き）を５部ずつコピーして、ステープラー（ホチキスは商品名です）で留めて、会議室に持って来てください」

と従業員に伝えたとします。

とても簡単なことなので、これで十分できると伝えた側は考えます。しかし残念ながら、でき上がったコピーはステープラーでA４用紙の長辺左側に３カ所に深く留めてあり、横書きの資料の先頭と後方の数文字が全ページにわたって読めなくなっていました。

読めない
めくれる
5部ずつコピーしてステープラーで留めて！
ハイ、わかりました

伝えた側は、そんなこと資料を見れば分かるので、「長辺左上の1ケ所に留めるに決まっているではないか！　それが当たり前だ！　なぜ確認しないのだ！」と言いたくなってしまいます。

しかし、ここにある落とし穴は「こんなこと言わなくても分かる」「見れば、誰でも分かる」「考えれば分かる」「普通のことだ」と勝手に伝えている側（こちら）が決め込んでしまっていること（思い込み）なのです。

「普通」は人によって違う

そして、最も大きな原因は、人によってそれぞれ「普通」という解釈、つまり「価値観」が違うことなのです。

私がまだまだ若く未熟な頃、二十代のころだったと思います。私は、

「○○は普通にやっておいて」とか
「普通は○○なので、…」とか
「それは、普通は○○ではないの?」

という言葉を頻繁に使っていました。またもや、その段階で大失格でした。ただ、その時は、まったく気付いていませんでした。

私はとても運が良いので、ここでもある人が私を救ってくれました。

「あなたの普通はレベルが高すぎる!」、「そんな普通があったら、誰も苦労しない!」と、はっきり叱ってくれたのです。その叱っていただいた人は後にお話しさせていただく尊敬する師匠の一人となっています。

それから「普通」という言葉を使わないようにしたのですが、とても大変でした。「私の普通」を相手が分かるように相手のレベル(仕事の理解度、習熟度、経験など)に合わせて表現し、できるようになるまで、常に細かく具体的に表現しなければならなくなったからです。こんな経験をしたから、いま皆さまにお伝えしているのですが、当時はダメダメ上司でした。

ただ、これをずっと続けてきたか? というと、そうではありません。なぜなら、ある時からは最初に「私の普通」という「価値観」を「自己開示」により伝え、伝わったかどうかを確認し、「私の普通」「私の価値観」を「共通認識」とすることから始めるようにしたからです。

この部分については、皆さまのような経営者、社長という立場に置き換えると、企業理念・企業文化という何段も高い位置での「価値観」や「在り方」のお話となりますが、このあたりの話をし出すと止まらなくなってしまうので、この辺で止めておきます。

素敵な上司の仕事の仕方

ここでお伝えしたいのは、簡単なことほど伝え方が雑になり、受け止めるほうも雑になり、ほしい結果が得られないことがあるので丁寧に伝えてくださいということと、最初だけで構いませんので、完成品を（外部に発信する前に、または皆さま以外の人に提示する前に）最終確認してあげてほしいということです。

これは会社としてのミスを防止するだけでなく、頼んだ相手の足りないところを明確にし、その部分を補填、つまり教えることができます。そして、何より、相手が

「失敗して傷つくことから守る」

ことができるからです。

素敵な上司の仕事の仕方ですよね。

知らないことは調べることすらできない

こんな話を聞いたことがあります。

従業員にメールで見積書をお客様へ送るように頼んだそうです。こんな風に。

「この見積書を○○株式会社様にメールで今日の午後3時までに送ってください。メールの送り方は知っていますか？　見積書のデータがある場所は知っていますか？」

「はい、両方とも知っています」

「送れますか？」

「はい」

ここで、二人ともメールに見積書を添付して送る、という認識で間違いはなかったようです。

このやり取りの結果、メールに「見積書の件」とだけタイトルに書き、見積書を添付し送信したそうです。

「そんな馬鹿な？」と思っても、それを対外的に起こしてしまっては会社の問題になってしまいます。

この場合はお客様に見積書を送るために「必要な行動」は何か、「手順」は何か、ということを知っているかを確認しなければならなかった、ということです。

社内教育をしていないと、当たり前の挨拶文書、ビジネス文書は書くことができないと思ったほうが良いでしょう。また、ここで「当たり前の」と言ってしまう、思ってしまうことも良くないのです。インターネットで検索すれば、挨拶状のテンプレート、送付状のテンプレートは山ほど見つかります。ただ、

「挨拶状とか、送付状という物の存在を『知らなければ』検索することはない」のです。

送付状の存在と書き方、ビジネス文書の書き方は「学校では教えていない」し、「家庭でも教えていない」でしょう。

固定電話の使い方を知らない若者が増えている、ということもよく聞く話です。

これも、時代なのかもしれませんが、

「分かった」＋「一緒に、または最終確認」で、デキる従業員、人財に育ててください。

第4節 相手のことを察するのが当たり前、私はそうだった！

私も同感です、というか同感でした。そうするのが当たり前、そうしてほしい、とある時期までは思っていました。自分ではそうあるべきであると考えていますので、いまでも相手のことを察して行動しているつもりです。

期待するから裏切られる

しかし、現実はなかなかそのようにはいかないことを知り、そのように考えていることが自分のわがままであり、そのように期待するから裏切られ、気分が悪くなるので、そのように「思い込む」「期待する」ことはやめることにしたのです。さきほどお話ししたことを思い出してください。

知らないことを察することができるはずがない

・従業員は、あなたのことをどれだけ知っていますか？

・「普通」は人によって違う、「価値観」が違う

この2つをお読みになった今では、相手があなたのことを察することは、とても難しいということ、無理なお願いであるということにお気付きになったはずです。少なくとも、この2つを相手に伝えていない限り、あなたのことを察することはできないのです。あなたのことを知らないし、「あなたの普通」と「相手（自分以外の人）の普通」は違うのですから。

万が一、察することができる人がいたとしたら「あなたが○○という風に考えているだろう」と正しく予想できている場合だけであり、かつ、その人がそれを行動に移せる場合だけなのです。ただし、その人が本当にあなたの想いを理解しているかどうかは分かりません。

では、なぜ、あなたがそのように思っているかというと、あなたには、見ている相手より多くの経験があり、大きな価値観という器を持っていて、相手を思いやり、理解しようと努力することができる優しい人だからです。

日本人の良いところと悪いところ

その反面、日本人は海外に出るとよく言われることがあります。

「日本人は、何を言っているか分からない」

「日本人の話は、分かりづらい」

「なぜ、日本人ははっきりイエス・ノーを言わないのだ」

これは、日本人特有の考え方と表現方法によるものなのですが、心の中で「言わなくても察してください」とか「こんなことまで言わせるのですか?」という洞察、思いやりの押し売りをしてしまっているのです。特に海外では、話をしている相手とは言葉・生まれた環境・文化などのほとんどが日本人の私たちとは違うのですから、そんな「価値観」を分かってもらえるはずがありません。日本人同士でも難しいのですから。

特に、ビジネスの場においては、できる限り具体的に分かりやすく伝える、ということを心掛けてみてください。

「考えているだけでは、何も伝わらない。何のために口はついてるのだ!」などと部下、お子様に言ったことはありませんか?

また、現在においては「(日本人の)人手不足」が大きな社会的問題となり、さまざまな外国からの人たちが日本で働くようになってきました。コンビニなどへ行くと、レジの向こうにいるのはほとんどが外国の人たちです。とても優秀な人が多く、世界の中でも難しい言語の1つと言われる「日本語」を流暢にお話しされます。レジ仕事も完璧にこなしています。日本に来る前から長い時間をかけて日本語を勉強してきたとは考えにくいので、短時間で日本語を習得されたのだ、と考えると、我々、少なくとも私よりは何倍も賢くて、頑張り屋さんであると思っています。

未来に向けて変わらなければならない

ですから、私は(日本人の)人手不足は、外国の人たちで十分「手は足りる」ようになると考えています。というか、そのような時代が近いうちにやって来るはずです。さらにもうすぐ私にも訪れる「シニア世代の力」を使えれば、「人手不足」は解消するはずです。

そして、取引先の従業員、それだけでなく経営者・社長が外国の人たちとなる時代も遠くはないのです。なぜなら、

この本を手に取っていただいた皆さまは後継者を選び、育成され、皆さまの想いを未来に引き継いで行かれますが、後継者不在という課題を持ちながらも、何の対策も打たない経営者さまの会社においては消えて行ってしまうか、売られてしまうかのどちらかになります。その買い手が「日本人」であるかどうかは分かりません。もしも、それが主要な取引先で社長または株主が外国の人であったらどうなるでしょう? 日本国内の企業ではあるので、少々の日本語は通用するかもしれませんが、当然のことながら母国語、英語のほうが話はスムーズに進むはずです。

こんな時代が遠くなくやって来るのです。

こんな時代が本格的にやって来る前に、今から2つやっておくことがあります。

1つめは、英語が聞け、話せるようになること。これは英会話学校に通ったり、時間が取れな

いというのであれば、通信教育などで習得することができるでしょう。やる気さえあれば。

2つめが、ここでお話ししていることです。

このようなことを書く人はあまり多くはいないかもしれません。そもそも、こういう部分を変えなければならない、変える必要があることを感じている人がほとんどいないのです。理由は簡単で、外国で外国人と働いたこと、外国人を従業員、取引先、お客様にしたことがないからです。

でも、もう安心ですよね。変えていただきたいことはお伝えしました。

この本で終始一貫してお話ししている「人(自分以外の人間)への伝え方」さえ分かっていただければ、それを「どこの国の言葉」で話すかだけですから。

そして何年か後には、あなたの会社もあなたが育てた後継者の手腕により、海外進出をする時が来るかもしれません。出て行かなければならなくなるかもしれません。日本においては、どんどん日本人が減ってゆき、マーケットが小さくなりますので、日本に来ていただいている外国の人たちに売るか、外に出てマーケットを広げるかのどちらかになるでしょう。そんな時に「相手を察しろ!」なんていう気持ちで外国の人たちとの商談をしていたら、うまく行くはずがありません。

私の場合は、はっきり過ぎるくらいはっきり言うほうなので、海外ではとても気楽に仕事ができました。その代わり、日本に戻ってしばらくの間は「お前は、はっきりものを言い過ぎる。そんなこと言われなくとも分かる！」などと先輩からよく叱られていました。

少々の手間はかかりますが、皆さまは今まで通り、察してあげても構いませんが、正しく物事を伝える習慣を身に付けビジネスに臨む、ということも進めてみてください。

一人ひとりに、一人ひとりの異なった「価値観」があるということを十分ご理解の上で。

第5節

質問の仕方によって答えは変わる

ここでは、これまでお話しした内容と少し切り口を変えてお話しさせていただきます。

少し分かりにくいタイトルになっているかもしれませんので、まずは、例を挙げてみましょう。

質問の仕方で子供の見る目も変わる

小学校に通い始めたくらいの子供に「今日、学校で何かあった?」と訊くと、多くの場合は、悪い(ネガティブな)答えが返ってきます。例えば、

「○○ちゃんが、○○ちゃんをいじめていた」「走っていたら転んでケガした」などなど。

こんな話を聞いてしまうと「それでどうしたの?　○○ちゃんを助けてあげたの?」とか「ケガは大丈夫?」などという話になります。

これでも会話は成り立つわけですが、人間が「良い出来事」と「悪い出来事」のどちらを覚えているか?　ということを調べてみると、残念ながら「悪い出来事」を記憶する能力のほうが高いようで、ついつい「何か?」と訊かれると「悪い出来事」から口にしてしまうようです。

そして、そのネガティブな答えに対し「そうだったの」などと聞いていると、無意識のうちに悪い（ネガティブな）ことばかり答えるようになってしまいます。

大人になると、少しポイントが変わって、自分を守るため、悪いことより、良いこと（たいして良くなくても、怒られたくないので）を報告するようになってしまうのですが。そこで、「今日、学校で楽しいことは起きた？　嬉しいことが起きた？」と訊くとどうなるでしょう？

このように訊き続けると、「良い出来事」を話すことが人に訊かれたときに返す話題なのだ、と考えるようになり、そこに視線・意識が集まるようになるようです。

「悪い出来事」を覚え、「悪い出来事」ばかり話す人生と「良い出来事」に目を向け、「良い出来事」を楽しく話す人生のどちらがお好きですか？

どちらを皆さまのお子様に歩いてほしいと思われますか？

このように、あなたが「聞きたいこと」を相手が「答えられる」ような質問をすることで、「聞きたい答え」が返ってくるということがお分かりになったと思います。

質問という魔法

これは従業員教育などで「自分で考えて動く組織（私は、自走組織と呼んでいます）」を創る時にも、

なぜ…したのだっ!!
では、どうすれば良いと思いますか?

使える魔法ですので、どのように訊けば自分が知りたいことが聞けるか、組織を活性化することができるか、ということを考えながら質問をしてみてください。

例えば、会議中のやり取りを例に挙げますと、「なぜ…したのだ!」という過去を訊くのであれば、

「では、どうすれば良いと思いますか?」と訊くことで、そう訊かれた人の思考と行動が変っていくのです。

質問の仕方、訊き方次第で、こんなに変わるのか、というくらい変わります。

私は、会議の所要時間は最長1時間(通常30分以内)、そして実績報告など過去に関する話に使う時間は、会議時間の最大1/3以下、と決めています。

例えば、30分の会議ですと、

・最初の3分で、会議の雰囲気づくりと目的の確認　→　現在
・その後の7～10分で、実績報告　→　過去
残りの約20分(2/3)は、ずっと「では、どうすれば良いと思いますか?」
「では、そのようにしよう!」の連続　→　未来
です。

そもそも「分からないということ」が「分かっている」のか？

第2章では『分からなければ、分かるまで訊くのが当たり前』というテーマでお話ししました。

その前提は、相手が分からないことを理解していて、その上で相手が分からないことに対してどのように考えているか、どういう姿勢で仕事に取り組んでいるか、という部分に触れましたが、ここでは、その前に「そもそも」何が分かっていないのかを本人が分かっているか？　ということについてお話しします。

分からないことが分からないなら、できるはずがない

こんな例を。

従業員に「この資料を2部、白黒でB４サイズ横で印刷して応接室に持って来てほしい」と伝え、お客様と応接室に入りました。

彼は元気良く「はい、分かりました」と返事をしてくれました。

ただ、いつまで経っても、資料は手元に届きません。

お客様との打ち合わせに使うための資料であったので、できる限り早くほしかったのですが、5分経っても、10分経っても資料が届かないので、お客様にお待ちいただき部屋を出て、彼のデスクに行くと、不思議そうな顔をして

「正しく操作しているのですが、印刷できないのです」と答えました。言い訳のようには聞こえませんでした。印刷ができていないのだから、その操作が正しいはずがないのですが。彼の言う通り、パソコンの操作においては正しかったのですが、印刷物を印刷するプリンタに用紙がないということに気が付いていなかったのです。ある意味、衝撃を受けました。

分かっていないことが分かった時の大きな驚き

「印刷（プリントアウトする）」するということは、「PCのデータがプリンタに届き、プリンタが紙に印刷すること」ということが分かっていたのかどうかが疑問になったので、お客様を見送った後に、彼に聞いてみました。

「いつもと同じ操作をして、紙が出てこなかったので何が何だか分からなくなりました。これまでこんなことがなかったので」

予想は、ほぼ当たっていました。そこで、さらに質問をしてみました。

「なぜ、用紙がなくなっていたということが分からなかったのですか？」答えは、

「そんなことがあるとは思わなかったからです」

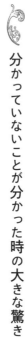

驚きの連続でした。

私は、常に「次工程はお客様（上司、部下、誰であっても）」である、つまり、自分が終わった仕事を引き継いで仕事をする人は皆「お客様」と考えること、だから次の人ができる限りスムーズに仕事ができるようにすることが正しい仕事の仕方である、と教え込んでいたので常にコピー用紙は気付いた誰かにより補充されており、アラートが鳴れば聞いた誰かがすぐに補充するという社風になっていました。

とはいえ、です。

ＰＣ操作が正しいと考えるなら、用紙を印刷する側の問題を考える、ということが「当たり前」であると考えるのですが、「そのこと（用紙を印刷する側）を知らない」と、そこですべてが終わってしまうだけでなく「私は正しいのに、なぜ動かない（結果が出ない）のだ！」という憤りまで覚えてしまうのです。時に、屁理屈というのかもしれませんが、彼から見れば屁理屈ではないのです。なぜなら、「分かっていないこと」が「分からない」のですから。

このような状況の時に「なぜ？　そんなことが分からないのだ！」と言っても相手の心に響くはずがありません。

これは極端な例での仕事の流れとそれに必要な道具の話でしたが、前にもお話ししたように、皆さまが「普通」に使っている単語や「当たり前」と思われる行動の中にも相手が「分かっていないこと」があるのです。

そして、このようなことは、「社長」と「従業員」などという「ポジションの差」が広ければ広いほど、相手との知識・ノウハウなどのレベル差が大きくなり、相手が「分からないことを分かっていない」ことを考えもせず、自分のレベルでの会話を続けるので、相手にはまったく通じていない、または、相手の勝手な解釈で仕事が進み、後にトラブルになるということにつながるのです。だから、会社には役職というものが設定されており、組織（ピラミッド組織）というものがあるのかもしれません。

分からないことを炙り出すために

では、どうすれば「分からないことが分かっていない」ことを知ることができるのでしょう？

そんなに難しいことではありません。

今回は「これで、できますか？」ではなく、

「では、いま聞いたことを復唱してもらえますか？」または、

「私に説明してもらえますか？」

これで、相手の理解度が分かります。

ここで注意していただきたいこと、長々と話した後では、いくらメモを取っていても記憶は薄れてしまうので、会話の中で15分程度の話をしたら、確認をしてみてください。

ただし、あまり相手に頻繁に求めると「自分はバカだと思われている」というように受け止めら

れていますので、そこは、

「この部分はとても大切なところなので、一度私に説明してくれる?」とか、

「この部分はとても大切なところなんだけれど、私は説明がうまくないので、どれだけ伝わっているかを知りたいので、一度私に説明してくれる?」などという、優しい言葉で確認をすることに心掛けてください。

すると、こんな風に理解していたのかとか、こんなことが分かっていなかったのかということが見えてきます。これも大きな収穫と考えてください。

人と人が交わるために最も使われる道具である「言葉」、毎日毎日使っている「言葉」ですが、その使い方はとても難しいですよね。

その分、うまく使えるようになれば、周りの「環境」とその言葉を使った後の「行動」が変わってくるはずです。

ひとこと

「言葉」には「言霊《ことだま》」があるとも言われるように、うっかり言ってしまった誤った言葉も、言った人は忘れても、聞いた人は一生忘れません。決して消えない大きな傷を付けてしまうことも

あります。

私も、ひと言ひと言、相手のことを配慮して「言葉」を口にする、話ができるようになりたいと、いつも思っています。

まだまだ間に合う、成長できるはずです。

一緒に、「言葉」に磨きをかけていきましょう!

第4章

「後継者は親族であるべし」

という過ち

第1節

親族であるべき、親族でなければならない理由は？

私はいつも「そもそも」論を考えてしまいます。

なぜなら、「そもそも」勘違いをしていると、その後の判断や行動がまったく違った方向に行き、得たい成果(ゴールへの道)が得られなくなってしまうからです。

この本は、皆さまがこれまでの人生をかけて育んできた皆さまの大切な会社、そこで皆さまを「社長、社長」と慕ってついて来てくれる従業員たちの雇用(その従業員の家計であり、その家族の未来)、そして、技術(モノづくり・コトづくり・サービスづくり)、ノウハウを消さないでほしい、未来につなげてほしい、という想いで書くことを決めましたので、そのゴールに向かって歩き出していただきたいと願っております。

そして、皆さまも、できればそのように引き継いでいきたい、本当は心からそうしたいと思ってはいるのだけれど、後継者がいない、後継者を育成する方法が思い当たらない、ということでこの本を手にしていただいたのでは？　と思っております。

できる限り多くの選択肢を持つことが成功への秘訣

その皆さまの想いを叶えるために、可能であれば、「親族であるべき」という「思い込み」をいったん、横において読み進めてください。

なぜなら、できる限り多くの選択肢を持っておくということが、皆さまの想いを実現するために必要なことだからです。

なぜ、選択肢を持つということが成功への秘訣か？　というお話をしましょう。

例えば、ここは東京、時期は台風が多くなる6月、時間は午前9時としましょう。そして、皆さまは16時までに営業部長と二人で大阪のお客様の会社に行かなければなりません。7時間後です。前日に格安航空券が見つかったので、羽田空港－伊丹空港の13時発14時頃着のチケットを購入しています。

通常、東京－大阪間の移動手段として考えられるのは、

飛行機

新幹線

という2つがメインの選択肢で、その他に、

自動車

ということを含め3つの選択肢があります。

その日の早朝から台風の軌道が変わり、残念ながら朝のニュースで名古屋以西での飛行機は当日の午後の便が欠航となってしまいました。航空会社にチケットの変更の連絡をしましたが、午前便は満席で変更することができません。そうすると新幹線か自動車で行くしか方法はないようです。

しかし、自動車の場合、高速道路が通行止めになったり、大雨で視界が悪い高速道路を運転することには危険も伴いますし、長時間運転ということで疲れも溜まってしまいます。では、新幹線で行くことが安全で確実性が高いという判断になります。自動車で行くとすれば目的地へ行くルートはいくつか考えられるので、万が一の時は自動車を最終手段として利用することにしました。

そこで、移動手段を新幹線に変更するためＪＲのホームページを見てみると、現在(午前9時の段階)では通常通り動いており、たとえ台風が急接近したとしても西から近づいてくるので、最悪、少々の速度が落ちても止まることはないだろう、では、すぐに新幹線へ変更して出発しよう、となりました。

この場合は、運良く新幹線が動いていたので、最も安全な方法を選ぶことができましたが、もしもここで新幹線も止まってしまったら、やむなく自動車で行くことになるでしょう。

自動車となるともう1つ条件が付いてきます。それは自動車運転免許です。もしも、二人とも運転免許を持っていなければ運転できませんし、一人しか免許を持っていなければ悪天候の中、長時間を一人で運転するという大きなリスクを抱えることになります。二人とも自動車運転免許を持っていれば、交代で運転することでリスクを減らすことができます。

このように東京から大阪へ行くという、とても単純な行動にも、いくつかの交通手段という選択肢を持っていないと条件や環境が変わるといつもは単純なことが、とても複雑になったり、その目的が達成しない、ということになってしまうことがあるのです。そして、この変化は自分自身ではどうにもコントロールできないことなのです。

ここで、飛行機を親族、自動車を他社(つまり売却)、新幹線を従業員と置き換えてみたらいかがでしょう。

社長でもコントロールできないことがある

後継者がいないと嘆いている経営者さまのお話を聞くと、

「息子が継ぐかどうか分からない」

とおっしゃられることがあります。

ここで問題となるのは、息子さん(親族)にも、息子さんの人生があり、それを無理やり皆さまが決めることはできないこと、結婚している場合には配偶者やそのお子様の事情という息子さん一人では決められない、コントロールできない事情があるということです。

それでも、すべてを力でねじ伏せて後継者になることを納得させたとしても、適性と能力がなければ継ぐことはできませんし、何よりやりたくないことに対しては、教える人（あなた）がどんなに一生懸命、かつ、正しく教えたとしても相手はやりたくないのですから身になるわけがありません。そんな状況においても、無理やり引き継いでしまうと、少々切ない話ですが、時折お聞きする話として、

「父が亡くなり、母が継げというので、今はこの会社（の社長）を仕方なくやっている。ただ、自分としては違ったことをしたいと以前なら思っているので、母がいなくなった時には、この会社を誰かに譲るか閉めるつもりでいる」

という後継社長になってしまうかもしれません。

可能性

「やる気のない親族」と、とても「やる気のある従業員」とでは、どちらに教え、あなたの会社を託すほうが、あなたの想いを叶える可能性が高いでしょうか？

そして、従業員の中にもやる気がある者がいないとしたら、仕方なくM＆A（売却）をするとして、あなたの「会社を大切にしてくれそうな会社」（たった数回の売却先との面談では確信を持つことは難しいのですが）と「売却価格だけが高い会社」と、どちらが、あなたの想いを叶える可能性が高いでしょうか？

そして、それでもあなたの想いを叶える後継者（社）に出会うことができなければ、そこで初め

て閉める(廃業)という最終選択について考えれば良いと思っています。

皆さまの「思い込み」を少しだけ変えて、その選択肢を増やして、もう一度お考え直していただくことをお勧めするとともに、少なくともご子息・ご子女・親族、従業員、M&Aという3つの引き継ぎ先があるということをご理解いただいたのであれば、まずはM&Aを除いた2つの選択肢で、もう一度、後継者選びと育成を始めてみてはいかがでしょうか?

選択肢もあまり多すぎると混乱してしまいますので。まずは、この2つから。

続いて、後継者選びに当たっての後継者の見極め方についてお話しさせていただきます。

第2節

本当の親族と従業員の「仕事をする力」を知る～そのために「伝わる言葉」で正しく教えなければならない～

ここからは少々お気に召さない内容をお話しさせていただくことになりますが、皆さまに正しいご判断をしていただきたいと思い、敢えて嫌われ者になることを知りながらもお話しさせていただきます。

例えば、こんなお話があります。

「息子は出来が悪いので、勤続30年の○○部長に会社を引き継ぐことにした」

「息子も従業員も出来が悪く、彼らには継がせることは無理なので、売るか、閉めることにしようと思っている」

正しく育ててから決める

私はそれを聞いて「はい、分かりました」とは、なかなか言うことができないのです。なぜなら、この本でお話ししていることを実践した上での判断かどうかが分からないので。もしも、「そもそも」間違った状況判断からの結論であったとしたら、その会社の未来が消えてしまうことにもなりかねないからです。

この判断を下すまでに「打てる手」を「正しいコミュニケーション」のもとに実行された、ということであれば、息子さんと従業員さんの「仕事をする力」を正しく比較・検討した上での判断となりますので、何も心配する必要はありません。そして、両者ともに皆さまの会社を引き継ぐには「仕事をする力」が低すぎるので景気の良いうちに売却する、とか、皆さまが80歳になったら閉めるなどとお考えになられても仕方ないと思います。本当は、仕方ないとは言いたくないのですが。

もしも、どんなに息子さんの地頭が良く、やる気があり、あなた（父）の想いを継ぎたいと思っていても、教え方が悪い、もしくは教えられていない状態で先ほどの判断をされたら息子さんが可哀そうでなりません。入社してから何も教えられていない10年目と30年目では、少なくもその時間の長さから来る、経験の量により、30年のほうができるに決まっています。どんなに地頭が良くて、やる気があったとしても、誰からも教えられずに学ぶということ、成長することなんてできるはずがありません。

そこで、今一度、思い出してほしいのです。

「何」を「どのように」教えたのか、ということを。

もう一度お訊きします。

後継者になるために（必要な知識・考え方・やり方）を、相手が理解できる内容と言葉と単語で伝え、相手ができるようになるように教えた上でのご判断ですか？

親族ほど雑になる、熱くなる

皆さまのご子息、ご子女、親族を贔屓《ひいき》するわけではございませんが、右も左も分からず会社に入ったにもかかわらず、たとえ、どんなに教わる気があっても、やる気、向上心があっても、「お前は私の子供だから、細かいことを言わなくても分かるだろう」とか、「いつも家で話しているから、このくらいのことは分かっているだろう」という「思い込み」から始まってしまっては、教わるほうも嫌になってしまいます。

なぜ、ここまでお話しさせていただくかと言うと、特に親子、血がつながっている間柄となってしまうと、「仕事」と「親と子」という、本来は切り分けて考えなければならないことであるにもかかわらず、感情が交じり合って（仕事＝公、そして「親子」＝私と言えば、公私混同）、話しているうちに、「親と子」の感情のほうが強く出てしまい、

教えている人（社長であり、父親）は怒っている、

教わっている人（子供・親族、後継者候補）は教えてもらいたいにもかかわらず、

「何で怒っているのだろう？　もういいや」

というやり取りになってしまうことがあるのです。

こういう場に居合わせると、何でこんな言い方をするのだろう、いつもと同じように話せば、もっと上手く行くのに、と感じます。

自分の子供であるからこそ厳しく育てたい、これくらいのことは理解してほしい、というお気持ちもとても大切なことであり、十分に存じております。「獅子の児落とし」、自分の子に苦しい思いをさせて力量を試し、這い上がってきた者だけをりっぱに育てる、ということわざもありますが、児(子供)が這い上がってきたら「りっぱに育てる」のです。ただ、目に見える崖を這い上がることと、会社の仕事、ましてや経営を知ることとでは大きく違います。

「親の心、子知らず」と言いますが、あなたには「この子には分かってほしい」という、とても熱い想いがあるがゆえに、その一生懸命に熱が入りすぎてしまい「なぜ？　この子は分からないのだ！」という気持ちが湧き出してきて、いつしか怒りに変わってしまうのです。あなたが熱くなればなるほど、その気持ちのほうが強くなってしまい、時には一般の従業員には決して言わない暴言を吐いてしまうのです。

そのお気持ちはよく分かります。愛情と憎しみは紙一重、と言われることもありますので。

では、どうすれば良いのか？

時には熱い想いを心に閉じ込めて

思い出してみてください。ここまでこの本をお読みになってお気付きになったことを。

そこを思い出していただければ、もうこれからは心配しなくて良いと思っています。なぜなら、怒ってはいけない、つまり感情を表に出して教育、指導をしてはいけない、相手の成長のことを思って教える、相手の「行動」に対して成功させるために、成長させるために叱る、ということ何をどのように引き継ぐか？　ということ

ご子息、ご子女、親族を育てる方法も知っていただいたからです。

このやり方で、もう一度だけ、従業員も含めて育ててみてください。その上で誰を後継者にするかを決めていただくことが、後悔しない後継者選びにつながるはずです。

一人でなくとも結構です。

まだまだ磨き上げる前ですから。

二人でも三人でも構いません。

可能であれば、従業員全員をもう一度、育て上げてください、と申し上げたいのですが、それほどの時間は割けないとおっしゃられるかもしれませんので、まずは後継者候補を数名選び、輝く人財へと磨き始めてください。

後継ぎは子供であると昔から決まっている、みんなそうだった！

そうでした。私が子供のころはみんなそうでした。現在でも、そのような場合が多いと思っております。

私が子供のころ(40年くらい前には)、畳屋の息子は畳屋を継ぎ、不動産屋の息子は不動産屋、運送会社の社長の息子は運送屋の社長になっていました。そして、当時の私にとっては子供ながらに、彼らの将来のオーナーまたは社長の座がとても羨ましかったのです。なんで私はこんな家に生まれてきたのだろう、お店や会社を持った家庭の長男に生まれれば良かった、とまで思ったこともありました。

時代は大きく変わった、そして、これからも変わり続ける

しかし、それから40年も経つと世の中は大きな様変わりをしました。

家長という制度が薄れ、あの時代と比べると職業の種類も増えました。当時は専門学校という

と調理師になるための調理専門学校、会計を学ぶための簿記の専門学校くらいしかなかったような気がします。それが現在ではどうでしょう。すべての職業になるための、すべての資格を取るための専門学校が1つの職業、資格につき、いくつもあるような時代になりました。現在では専門学校と呼ばず、アカデミーなどと呼んで。

そして、何よりモノを売る方法が変わり、巨大資本の各種業界への参入により、当時は営業をしていなくとも、当たり前のように買いに来てくれていた地域のお客様も、目の前を通り過ぎて、少々遠くても、安く買える大型店に足を運ぶようになっています。私の友人の電気屋さん（電化製品を取り扱う商店）は、ずっとそれまでのような状況が続くと勘違いをし、量販店が進出してきた数年後には価格競争と圧倒的な営業力の差で消えてなくなってしまいました。しかしながら、私は量販店が進出する前の羽振りの良い時代を見て、その商店の息子のことが羨ましくて仕方なかったのです。

さらに、インターネットというお化けが世に誕生したことにより、どこにも足を運ばなくても24時間物が買える「通信販売」というものが勢力を伸ばしてきました。

そして、このインターネットの誕生のおかげで、それまでは新聞やTVでしか得られなかった情報が、いつでも、どこにいても、日本だけでなく世界中から得られるようになりました。そして、最も大きな違いは、

その日その時間に好き嫌いにかかわらず「与えられる情報」と

いつでも世界中から得られる「自分が欲しい情報」の違いでしょう。

そしてこの数十年の間に、大学への進学率は大幅に上がり、職業同様、多くの新しい学部、学科が新設されました。

それは、少しでも高学歴で良い学校（偏差値の高い学校）を卒業したほうが、大企業に入ることができ、安定した暮らしができる、という時代になっていったからです。最近になってやっとそのような妄想が少しずつなくなってきておりますが。

学生時代に髪を染めようものなら、パーマをかけようものなら、不良というレッテルを張られた時代も遠い昔のようです。

引き継ぎたくなるために

現在でも、家業としての親の仕事を継ぐ子供たちも大勢います。その家業を引き継ぐ人たちは、そこに価値を見出し、やりがいと未来を見い出すことができたからではないでしょうか？　中には、仕方なくという子供もいるでしょうが。

もしも、皆さまが仕事が終わって家に帰り「ああ疲れた、働いても働いても貧乏暇なしだ」なんてことを言っていたら、家業では飯が食えない、という判断となり、他の道を選ぶことを考えるでしょう。そして、少しでも大きな会社に入って責任のない仕事をして安定した暮らしをしたほうが良いと思うのでしょう。そんな都合が良い職場はないのですが。

反対に「今日はたくさんのお客様を喜ばすことができた。この仕事を始めて良かった。次はこんなことをして、もっと喜んでいただこう！」と言えば、状況は変わってくるはずです。

当たり前のことをお話ししておりますが、こんなことも身内から後継者を育てるために必要なことなので注意してください、という著者からのメッセージであると受け止めてください。

親ですから、自分の子供であるからこそ、いろいろと考えます。

「この仕事を継いでもらいたいけれど、これで本当に良いのだろうか？　本当に幸せなのか、幸せになれるだろうか？」と。

あまり長々とお話ししても、既に前節で選択肢は多いほうが良い、ということはご理解されていると思いますのでこの辺りで終わりにしますが、申し上げたいことは、

時代は変わっているということ、それもとても速いスピードで。

そして、時代が変わっているにもかかわらず、自身だけが過去にとらわれていると、後継者への引き継ぎはおろか、引き継ぐ前に現業自体の存続が危ぶまれてしまうかもしれない、ということです。

昔から○○○、これからの○○○の相反するキーワードで未来を創る

ですから、

「変えてはならないこと」

「変えなければならないこと」

「変えても良いこと」

を明確にしてくださいとお伝えしたのです。


社長という仕事はとてもやりがいのある仕事ですが、たった一人で孤独に耐えながら、いろいろと考え、決断しなければならない偉大で困難な仕事です。

だからこそ、使われている人には味わえない大きな喜びがあることも事実です。

この機会に、

「昔から〇〇」と「これからの〇〇〇」

という相反する2つの言葉をキーワードとして、改めて皆さまの会社を見つめてみてはいかがでしょうか?

なかなかこのような機会はないと思いますので。

第4節

親族と従業員の違いは？　2つの色眼鏡を外してみる

さあ、ここまでは少々感情的な部分を含め『後継者は親族であるべし』ということについてお話ししましたが、ここではビジネスライクに後継者、つまり「会社の将来にとって最も適切な人物」をどうやって選べば良いのか？　についてお話しすることにしましょう。

大切なことは、「自分で仕事ができる」ことではなく、「従業員、組織を動かして会社の資源を最大限利用した仕事をする」人間力があるかどうかです。

あなた自身は気付かれていないと思いますが、社長(リーダー、人の上に立つ人)になる人は、その組織の中で最も人間力がある、ということです。ここまでまったく皆さまのことを褒めることがございませんでしたので、少しだけ褒めさせていただきます。

そして、トップにも3つの組織を引っ張る人間力タイプがあります。

・タイプ1＝強いリーダーシップでぐいぐい引っ張っていくタイプ

・タイプ2＝この人のためなら頑張ってやろう、この会社のために貢献しようと従業員の気持ちを1つにまとめ、人を成長させながら組織を動かすタイプ

・タイプ3＝この人に任せておいてはダメになるから、私たちが頑張ってやろう、という母性本能のような心をくすぐり、組織を動かすタイプ

やはり、後継者として選ぶならあなたと同じタイプ1になるのでしょう。タイプ2もあっても良いかもしれません。ただ、タイプ3となるとずっとは続くとは限りませんので。

ここで、1と2では大きな差があることをお気付きでしょうか？

社長のタイプで組織風土は大きく変わる

それはやり方が違うということではなくて、この二つのタイプの社長が率いることになる「会社組織」というものが、「どのような感情」で動いて結果を出すのか、という部分においてです。

例えて言うなれば、タイプ1はあなたのようなタイプです。圧倒的な力を持ち、いろんなことを経験していて、かつ、実行力があり、さらに皆から信頼されているがゆえ、組織を動かすことができるタイプです。トップダウンとまでは言いませんが、何をやらせても社長が一番（スーパーマン）だから、社長の言うことを聞いてやろう、言われた通りにやろう、と周りが思うということです。

ただ、ここでのマイナスは、あまりにあなたに影響力と力がありすぎて、あなたと他の取締役・従業員との差がいろいろな部分において大きくなり過ぎるということです。少し表現を変えて、良く言えばカリスマ、悪く言えばワンマンと言えるのではないでしょうか？　ですから、後

継者が育たないということで、この本を手にしているのかもしれませんね。

そして、タイプ2は、あまり適切な表現ではないかもしれませんが【良い人】タイプです。

「あの人は、良い人なんですけどね」と聞くと、すぐに「仕事の場では良い人は要らない。仕事ができる人が良い人だ」と答えてしまうのですが、ここでの「良い人」とは少し意味が違います。

タイプ2の【良い人】タイプというのは、

「従業員から慕われている人、信頼されている人」と考えてみてください。

では、なぜ？　慕われている、信頼されているかというと、

「いつも気にしてくれている、見ていてくれている」

「話を聞いてくれる、相談に乗ってくれる」

「成長させてくれる、アドバイスをしてくれる」

「困った時に助けてくれた、助けてくれる」

「組織が困ったときに、組織のために頑張り救ってくれた」

という行動を行い、慕われているので、単に「仕事ができる」という冷たい表現ではなく、信頼と温かみを込めて【良い人】と言われる人です。

2つの「色眼鏡」を外す

このような【良い人】があなたの後継者になったらどうでしょう。

「従業員は育ちますか、育ちませんか?」

「会社の雰囲気は良くなりますか、悪くなりますか?」

「(長期的に見て)業績は上がりますか、下がりますか?」
※ 短期的には、タイプ1のほうが勝つ場合が多いので。

色眼鏡には、2つあります。
・色眼鏡1:親族と従業員
・色眼鏡2:タイプ1とタイプ2

どちらが良いとか悪いとかをお話ししているわけではありません。

どちらかに偏るのではなく、この2つの色眼鏡を外すことで選択肢を広げてから、もう一度、澄んだ目で後継者を選んでいただきたい、ということをお伝えしたいのです。

第5節

なぜ、大企業（上場企業）の多くが血縁のない他人に経営を委ねるのか？

私も上場企業の業績改善、再生をしたことがありますし、中小企業（同族経営と非同族経営のどちらも）においても業績改善、再生をしたことがあります。上場企業を含む大企業と言われる企業では親族に引き継ぐことは稀なことで、親族以外に引き継ぐことのほうが圧倒的に多く、それが成功（企業が存続）しているのも事実です。

「私の会社と大企業は違う！」と思われるかもしれませんが、何が違うのでしょうか？

大企業も中小企業もやっている仕事は同じ

商品を作って、営業して、見積書を作って、商品を配達して、請求書を作って、お客様から代金を頂戴する、という一連の流れは会社が大きかろうが、小さかろうが変わることはありません。

従業員を採用することも同じです。場合によっては、利用する媒体が違うだけです。

従業員を教育することも同じですし、大切な資金繰りをすることも、会社が大きかろうが、小さかろうが変わることはありません。

また、大企業というのは「現在の大きさ」の話であって、設立当初は皆さまの創業時と同じように、「たった一人の人間が勇気と自信を持って、夢を持って立ち上げた会社」です。どちらも最初は、小企業（または個人事業）からのスタートであったはずです。そして、現在、大会社と言われる企業も当初の社長は創業家、親族のバトンリレーで引き継いでいたかもしれません。そして、その親族へのバトンリレーが上手く行っていたとするなら、創業家の血筋を受け継ぐ人物が社長をしているはずです。そのような大企業もあります。

ここでお話ししたいのは、親族を経営から外してください、ということでは決してありません。また、この表現を使わせていただきます。

「そもそも」に立ち返る

「そもそも」社長は会社で何をする人か？　「そもそも」取締役は会社で何をする人か？　その「何を」を明確にするために書き出していただいたことを実行し結果を出すために、どのような力、人間力、判断力、知識、スキルなどを備えていなければならないか？　を評価項目とし、評価をして、皆さまの会社の後継者、経営者らとしてお決めになっていただきたいのです。

「そもそも」の基準をここに置き、判断するからこそ、限られた人数の親族だけでなく、数多くいる従業員（他人）を含めて判断したところ、「たまたま」他人が経営を任されていると思っています。

というよりも、初めから親族とか他人とかはまったく頭に置かず、どのような人物を後継者、経営者として選べば良いか？　というとてもシンプルな判断基準に基づいて決められた結果であると思っています。

他人には分からないこと

ここまでは、私らしくなく、少々極端なことを淡々とビジネスライクにお話ししましたが、「そんなに簡単にはいかない。兄弟もいるし、バランスもあるし」などとおっしゃられることも重々承知しております。

・会社を守ること
・親族（ご子息、ご子女）を守ること
・従業員を守ること

など、守らなければならないもの・ことが、経営トップである以上、いくつもあるということも知っております。

この「守る」という言葉にもいくつかの解釈があり、その「守る」方法についても、いくつかありますので、次節でお話しさせていただきます。

第6節

「株主」と「社長」は別の人で良い

第2章で「所有」と【経営】の分離について、「所有」は会社の「株式を持っている」こと、【経営】は【社長をしていること】と考えてみてください、とお話ししました。ここでは、もう少し詳しくお話しすることとします。

中小企業の場合、皆さまのように会社の多くの「株式」を持っている人が【社長】となっている場合が多いので、たまたま「所有」と【経営】が同じ人になっています。

運転が上手な人に運転を任せれば良い

自動車を運転することに例えてみましょう。

自動車代金を払って買った人、名義人が「所有」者、そして、自動車を運転している人が【経営】者です。たまたま今は「買った人」が【運転】しているので、同じ人になっています。

では、なぜ、上場企業と言われる大企業は「所有」と【経営】が分離されているのでしょうか？

それは「所有」者が【経営】（つまり、社長を）するよりも「所有」者より【経営】が上手な誰かに任せたほうが会社は発展する、利益が生まれる、株価が上がる、配当が増えると考えているからです。

さて、このようなことを考えてみてはいかがでしょう。

「会社（株式）」は「ご家族、親族」に引き継ぎ、

【経営】は皆さまが会社の中で最も信頼する【取締役・従業員（たち）】に引き継ぐ、

つまり「所有」と【経営】の分離についてです。

この方法には、こんなメリットもあります。

・信頼する者（たち）だから、安心して経営を引き継げる

一人でなくとも構いません、二人で一人前、三人で一人前でも

・従業員の士気があがる

なぜならば、どんなに頑張っても親族でないから、社長になれない、取締役になれない、と考えていた従業員の固定観念がなくなり、心の曇りが晴れ、やる気につながるからです。さらに社内から「どうせ〇〇〇」というネガティブな従業員の言葉、考えがなくなります

・社長交代時の社内の混乱を最小限にすることができる

第1章の『右腕の必要性』でもお話ししましたが、さまざまな考えを持つ従業員がいますので、親族が新社長に就任した途端に従業員が退職を考えはじめ、優秀な人財から去っていくとい

うケースもあります。特に、優秀な人財であれば、引く手数多ですので。

では、デメリットはというと大きな問題ですが、たった1つです。

次の社長は自分だ、と信じていたご子息、ご子女、親族の気持ちのケアです。ここは時間をかけて社長になれると信じていた親族に説明し、納得していただく必要があります。

しかしながら、ご子息、ご子女、親族は社長でなくとも、いままでの通り取締役(経営者の一人)や従業員として会社に残れば、役員報酬(従業員であれば、給与)を得ることができますし、事業承継税制の特例措置を利用すれば、以前よりも無理なく株式の贈与を受けられるので役員報酬の他に配当を得ることも可能になります。

※ この場合、配当は経費となりませんので、二重課税(法人所得税と所得税)となること、そして、自社株の相続税評価をする場合の類似業種比準方式においては株価が上昇するということになりますので顧問税理士などの専門家に確認の上、ご判断ください。

中継ぎ社長がいても良い

そして、ご子息・ご子女・親族が、新社長・新体制の下で力を発揮し、あなたの眼鏡に適うまで成長したとしたならば、そこで社長を交代するということも考えられます。そこまでの力をつけた上での社長交代であれば、社内も混乱することはないでしょうし、安心して会社を任せることができるでしょう。そのうえ、あなたの想いまでも叶うということになります。

私も、プロ経営者として「雇われ」として一定期間の経営を任され、企業再生を行いながら後継者候補を育て、状況を改善させたらお役目終了ということも経験しております。

また、「後継者になれる親族がいるのだけれど、受け継ぎたくないと言っているので困っている」という経営者もいます。親族が引き継ぎたくないという理由が、

・地元を離れて暮らしている、家を買った
・経営者に向いていないと考えている、自信がない
・大きな（安定した）企業で働き、普通に暮らしたい

というものです。

このように考えている親族に対し「お前を後継者にする」と事情を把握せず、時期を考えずに伝えたとしても、受け入れてはもらえませんし、反対に何も分かっていないと思われ、溝は深まるばかりでしょう。

さらに大きな問題として、さきほどお話しした自分だけの判断で決めることのできない、コントロールできない

「お子様の学校の問題」

配偶者の意見などの解決しなければならないことがあり、その解決のために「時間」が必要な場合があるのです。

例えば、親族がどんなにあなたの想いを理解していても、そのお子様が高校生なので、今すぐ

は無理だけれども、大学受験が終わるまでは一緒にいて、大学生になったら（下宿をするので）そのタイミングで地元に戻って会社を継ぐなどという考えもあり、そのほうが配偶者を説得しやすい、などということです。

その時間を作るためにも、親族以外の者に経営を任せるということは価値があるのではないでしょうか？

では、少し「数字」を見てみましょう。

２０１９年版中小企業白書においては、ご子息に引き継いだ割合が約45％、ご子息を含む親族に引き継いだ割合は55％、会社の役員・従業員へ引き継いだ割合は19％、Ｍ＆Ａ（つまり、売却）は17％と報告されています。

ただし、これは会社のすべてを引き継いだ（つまり、株式を譲渡し経営も引き継いだ）割合ですので、会社の役員・従業員へ「経営のみ」を引き継いだ割合は、この数値より大きな割合になると想定できます。少なくとも5社に1社がご家族、親族以外へ引き継ぎ、Ｍ＆Ａを加えれば3社に1社がご家族、親族以外に引き継いでいるということです。つまり、中小企業においても親族以外に引き継ぐことは、特別なことではないということなのです。

ひとこと

いかがでしょうか。

後継者は親族であるべし、と考えていたけれど、ご子息・ご子女・親族でなくとも良いのかな？　と少しでも思っていただけましたでしょうか。

現状を放置すると、2025年までには、中小企業・小規模事業者の127万社が後継者が見つからず、廃業しなければならなくなり、650万人もの雇用が失われる可能性がある、とも言われております(参考：中小企業庁「中小企業・小規模事業者におけるM&Aの現状と課題」)。

そんな状況を作り出したのは、こんな思い込み、勘違いから始まっているのかもしれません。

第5章

「まだ、任せることはできない」

という過ち

第1節

あなたは、いつまで社長を続けることができるのですか？

ともすると、またもや、お気分を害されるかもしれませんが、敢えてこのようなテーマを挙げお話しさせていただきます。

「まだ、任せることはできない」

お話しした通り、後継者がいないとおっしゃられる経営者の皆さまからの理由として挙げられる理由の1つです。

引き継ぐ意志がありますか？

その時に、こんなことを考えてしまうことがあるのです。

「この経営者は社長の座を引き継ぐ気があるのだろうか？」

そんな時にお訊きするのは、

「いつまでに引き継ぎたいですか？　いつまでに引き継ぐ予定ですか？」すると、

ます。

「できるだけ早く」、もしくは「いつになったら継げるかな?」また同じ考えが私の脳裏をよぎり

「では、具体的に進めるためにスケジュールを作ったらいかがでしょうか?」

と提案させていただくと、頷きながらも、本意ではない(まだ引き継ぎたくない、社長のままでいたい)と心から漏れてきているような気がするのです。

ここでは大きく2つのタイプの経営者に分けることができます。

「そうですね。目標がないと辿り着きませんよね」

「そう言われても、いつになったら引き継げるのか?」

仕事をやめたらどうなるのだろう? という不安

前者の経営者は、後継者に引き継ぎたいという意志があり、スケジュールを作ることで、引き継ぎ後の素敵な未来のために準備を開始できる人です。

そして、後者の経営者は、引退はしたいのだけれど、その後に「することがない」と思われている人もいるようです。これまで仕事一本に時間を使われたゆえ、「趣味=仕事」「やりがい=仕事」そして「休日=ほとんどなし」。そして交友関係もあまりなく、遊び相手は取引先の社長か従業員という人なのかもしれません。

私にもそのような時期がありました。ただ、遊び相手を取引先とすることはしておらず、とい

うか、取引先とお酒を飲みに行くことも、ゴルフに行くことも会社で禁じられていましたので、「遊び相手」はもっぱら「会社の人」しかいませんでした。まだ二十代、三十代でしたので、引退を考えるはずもなく、必死で仕事をし、早くとも夜の午後9時過ぎから食事に行き自宅に帰るのは午前様というような時代でした。

その時はそれで構わないと思っていたのですが、いろいろな先輩方の定年後のさまざまな暮らしぶりを拝見したり、海外に駐在し、いろいろな国の人たちに出会い、自分自身の引退後の設計を考えたときに、このままではいけないと考え、視野を広げるために会社の人以外、仕事関係以外の人と出会うために、ボランティアやセミナーなどに参加し、友人を増やしていったことを思い出します。いまだに1週間に最低5人、1カ月に最低20人以上の「見知らぬ人たち」と接触することを目標とし、続けております。その結果、何かあれば、何か新しいことをしようと思えば、必ず、知り合いの誰かが助けてくれるというくらいの友人ができましたし、まったく仕事に関係のない友人たちとこれからの夢の話をつまみに呑んでいます。

時間は止めることができない

ここまで二人の経営者を例に挙げてお話ししました。ただ、どんなにお二人の状況、ご判断が異なっていたとしても、どうしても減り続けてしまう共通の資源があります。これは、どんなにお金、地位、友人がいても止められないものです。

それは「時間」です。

これまで、後継者をどのように選ぶか、どのように育成するかについてお話しさせていただきました。そして、この章においては「いつまでに」というキーワードを中心に「時間」と「皆さまのこれから」についてお話しさせていただこうと考えております。

止められないもの、時間
戻ってこないもの、時間

時間の経過(50歳以降)によって衰えていくもの、身体(体力)
時間の経過(60歳以降)によって衰えていくこと、判断力と気力
時間の経過によって増えていくこと、物忘れと同じことを言う回数と病院に行く回数

ここは変えることができないものであり、どんなに努力しても、若い時には戻れません。

ずっと社長をしていたいと、いくら望んでも、体力は落ち、判断力も落ちていきます。

例えば、あなたが55歳だとしましょう。私も55歳です。

最近、私も物忘れが多くなってきた(もともと記憶力は悪いほうなのですが)と感じることがあります。お陰様で身体は健康そのもので自分では「まだまだ若い者には負けない」と思っています。

こんなことを思うということが老いた証拠でしょうが。そして、心(精神状態)も、お陰様で安定をしております。男性にも更年期障害があるようですが、まだ発症していない、もしくはこれに

打ち勝っていると勝手に考えています。

いつから始めれば良いか？　答えは「すぐに」

今の私なら10歳下45歳の後継者候補を見つければ、必ず後継者にする自信があります。5年後60歳、後継者50歳だとしても、やり切る自信はあります。ただ、これから10年後の65歳になって、10歳下の55歳の後継者を必ず後継者にできるか？　と訊かれたら、その時になってみないと断言はできないのですが、１００％の自信を持って「はい」とは言いにくいのです。これが、15年後の70歳になってできるか？　と訊かれたら、強がりでは「その時にならないと分かりません」、強がらずに言うと「自信がありません」という答えになります。最近、徹夜もしてみましたが、やはり昔とは違う翌日の状況を迎え、翌日は使い物になりませんでした。

ここでの例は、

「経営者55歳、後継者45歳の現在」と

手をこまねいて、何もせず、10年が経ち、

「経営者65歳、後継者55歳の未来」を挙げてみました。

いかがでしょうか？

55歳のあなたと65歳のあなた、どちらが丁寧に根気よく、後継者を育てることができるでしょう。

「年を取ると深みが出る」とか、いろいろな「褒め言葉に似たような慰めの言葉」もありますが、実際に年を取ると、頑固にもなってきているようです。同じことを何度も口にするそうです。自分ではそうは思っていないのですが、周り、特に奥さまやご家族から言われることはありませんか?

そして、教わる後継者の45歳と55歳ではいかがでしょう? 若い後継者を見つけることができればこんな心配をする必要はないのですが、こちらのほうも考えなければなりません。

頑固という2文字をここでは「頭が固い」という意味で使わせていただくとするなら、45歳の後継者と55歳の後継者では、どちらが頑固でしょう。そして、引き継ぐに当たっても、「私はあと5年で退職だ(60歳を定年とした場合)」という人と、まだ定年のことなど考えたことのない、人生の中で最も頭も身体も動く45歳と、どちらが教えやすいでしょう？ 育つでしょう？

今すぐに、とは申し上げませんが、時間は決して止まってくれませんし、二十代、三十代ならともかく、50歳を超えてからは体力、60歳になれば判断力と気力は人間である以上、衰えていくものであり、それを止めることはできないのです。場合によっては、60歳で認知症が発症することだってあります。

「人生100年」という話も、最近になって言われておりますが、それまでずっと「社長」という重責を背負っていたら、いくら長生きをしたとしても、少々寂しい人生のような気がします。

第2節

どのようなことができるようになったら社長の座を譲りますか？

「どのようなこと」を挙げ、それが「できる」ように育ててください、とお話ししました。

ここでは、そのタイミングを見定めるための「物差し」を創っていただきたいのです。

物差しを創る

つまり、

「ここまで出来るようになったら、後継者に社長の座を引き継ぎ、あなたは別の役割・立場に退く」

というタイミングを決めるための「物差し」です。その後に、

「後継者を陰で支えながら経験を重ねさせ、任せるようになったら引退する」

というタイミングも決めておいたほうが良いでしょう。これは会社のため、後継者のためというよりは、皆さまがストレスと重いプレッシャーから解き放された安心した時間を迎えていただく

ための「物差し」と考えてみてください。

※　ここで、役員退職慰労金をお考えになっている場合には、顧問税理士等の専門家に「どのような形で会社に残る、関わることが良いか？」ということなどをご相談ください。

これまでに挙げていただいたことをすべてできるようになるまで社長の座は渡さない！　ということはNGです。ただ、そこまでに時間が残されていればOKと言いたいのですが、後継者が社長の経験をせずにそのレベルに到達することはありませんので、どこかに基準を置くことにしましょう。

机で学んだことを実際にやってみるとまったく出来ない、ということも往々にしてありますし、似たようなご経験もなさっているはずです。

ここでもお話しすることは、皆さまが体力も、判断力もピカピカの時代に後継者に社長の座を譲るということであれば、皆さまのバックアップも強靭でありますから、後継者に適切なアドバイスもできますし、万が一の場合になった時でも、一緒に経営を立て直すこともできるはずです。

これが、体力も尽き、判断力が低下している状態であったら、後継者に適切なアドバイスもできませんし、当然、手を出すこともできませんから、引き継ぎ不十分で引き継がれた後継者はひとり戸惑い、最悪の場合、誤った判断・行動を起こし、会社が消えてしまうことにもなりかねません。

引き継ぎはおろか、その前に認知症が発病し、事業承継も相続もうまく行かず、大混乱の末に、消えてしまう、叩き売りをすることになってしまうことだってあり得るのです。決して脅しているわけではありませんが、「備えあれば憂いなし」ということわざもあるように。この本では後継者の育成についてのお話を中心にさせていただいておりますが、認知症対策も事業承継と損をしない相続のために必要なことですので、そちらのほうの備えも進めておいていただけると安心です。

また、金融機関（銀行）が皆さまにお出しする融資条件（期間やその額）についても、後継者がいる、または後継者の育成が進んでいるか否かで、その内容も変わってくるそうです。

それはそうです。お金を貸しても、万が一のことがあった時に、お金が返ってこないと思われたら、怖くて良い条件を提示するはずがありませんから。

話を戻しましょう。

物差しの50％（半分）が交代のタイミング

挙げていただいた「あなたの会社の社長になるために必要なこと」は、いくつもあると思います。

そこには、

・教えればできること（まだ教えていない、または正しい教え方で教えていない）

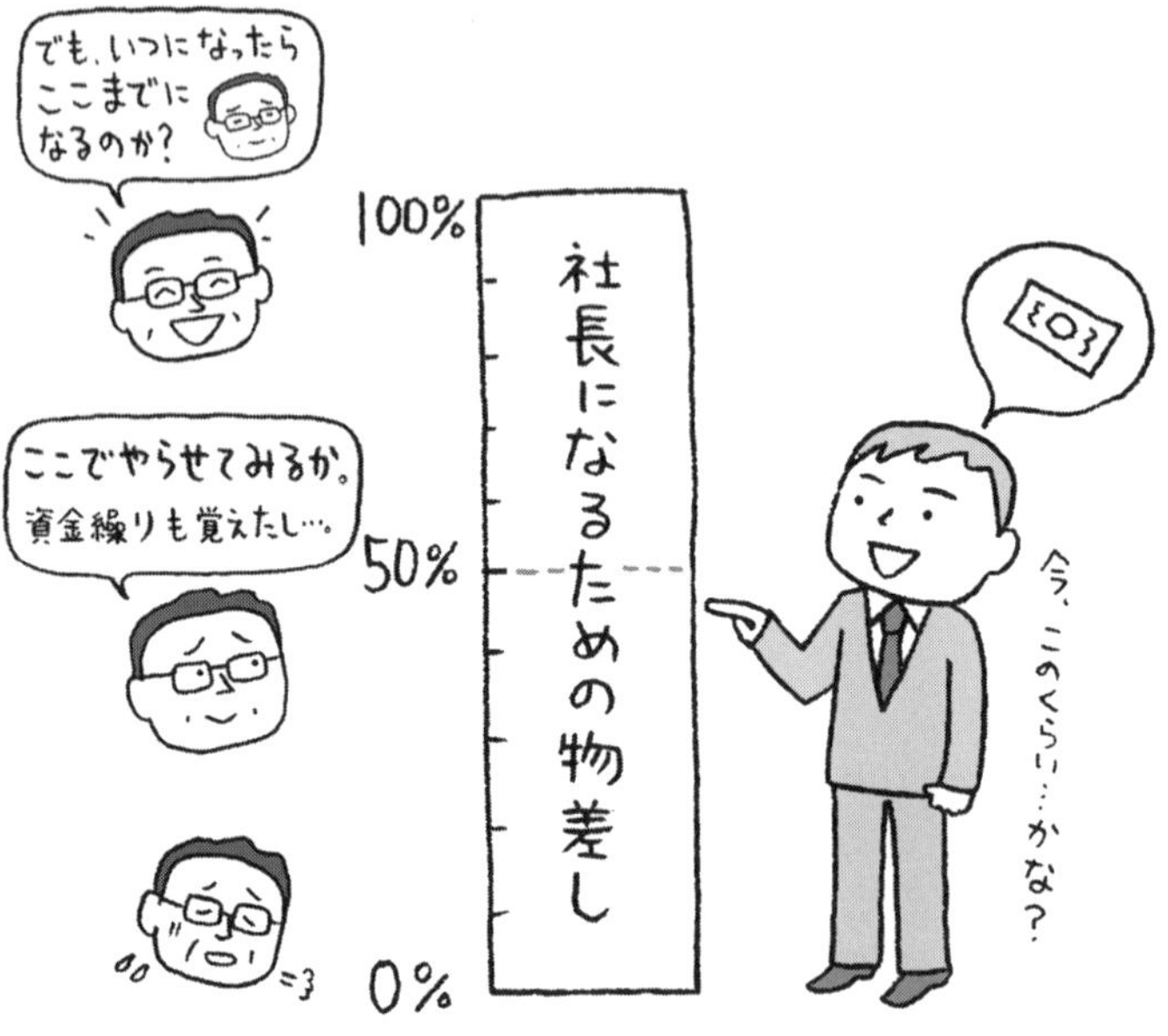
でも、いつになったら
ここまでに
なるのか？
100%
社長になるための物差し
ここでやらせてみるか。
資金繰りも覚えたし…。
50%
0%
今、このくらい…かな？

・時間をかけて繰り返し練習すれば（経験すれば）できること、または、マニュアルなどの手本を見ながら進めればできること（教えるだけでは、できるようにならないこと）

・その後継者はできない、または後継者一人ではできないが、会社組織を動かせばできること

と大きく3つのことが挙げられると考えています。

1つめはすぐに取り掛かっていただき、2つめは社長の座に就いてから、経験を重ねながら習得していけば良いでしょう。となると、最後の3つめが重要となります。

例えば、

・あなたの言うことを理解し、後継者自

身の意見を述べるようになった

・後継者に現在任せている部門を会社（あなた）の方針に沿って運営ができるようになった

・後継者に現在任せている部門の人財を育てることができるようになった

という3つができるようになった状態を達成率50％とし、後継社長への引き継ぎを考えてみたらいかがでしょうか？

ただ、1つだけ具体的に挙げますが、会社の資金繰りについて理解できていることは絶対条件としてください。ここを理解していない段階での後継者社長の就任は危な過ぎますので。

後継社長の就任時の仕事力は、あなたの望む力の50％です。そして、後継社長就任後の皆さまの役割は、経営者としての人間力の更なる教育と、2つめに挙げた経験が解決することへの支えと考えていただければ結構です。

しかし、仕事はしていただかなくて結構です。しないでください。

ここは、3つめの部分ができるようになるのと比べれば、そんなに長くの時間はかからないはずです。ただし、何が起きるか分かりませんので、何かあったら手が出せるところにはいてください。

経験豊かなあなたには容易に解決できる問題であっても、後継新米社長には大きな問題に感じることもありますし、それがゆえに道を誤ってしまうこともあるかもしれません。そのような時だけ昔のようにスーパーマンとして登場してください。

もしも、達成率50%では、まだ社長の座を譲ることに躊躇されるようであり、かつ、時間の余裕があるようでしたら、次のステップを踏むことをお勧めします。

部門間異動で敵を減らし、さらに見極める

それは、部門間異動です。その後継者が現在、営業部門にいるとしたら、別の部門、例えば、製造や管理部門という後継者がこれまでに経験していない職種の部門長(責任者)とし、そこで合格であれば、社長の座を譲るというステップです。

これは一般的にはジョブローテーションという新人教育における1つの手段(会社全体のいろいろな仕事を経験して、会社全体の流れを知り、自身の得意分野を見つけるなど)になりますが、ここでお話しする他部門での部門長の経験ということは、まったく別の理由があるのです。

それは、これまでとは価値観の違う従業員をどのように引っ張っていくかという経験にもなりますし、何より、敵を減らすことができます。その敵とは、

営業部門の出身者が社長になると、製造部門の従業員からは「なぜ、いつも営業出身者が社長に抜擢されるのだろう? 私たちも頑張っているのに。仕方ないよな、売らなきゃ飯が食えないのだから」とぼやき、管理部門にいる従業員からは「仕方ないよな、私たちの仕事は数字で見えにくいから」などと不平と妬みを抱く同じ会社で働く従業員たちのことです。結論としては、どこの部門から新社長が誕生したとしてもこのような従業員が出てくるのですが。

そこで部門間異動をしていくつかの部門長を務めていると、その部門で働く従業員たちとの親近感、仲間意識（同じ釜の飯を食う）のようなものが創られ、先ほどのような感情とはならず味方になってくれるのです。もちろん、後継社長がその部門で適切な自己開示を行い、リーダーシップを発揮したということが前提ですが。

そして、万が一、これまで務めてきた部門の従業員が不平不満を言うようであれば、その後継者については再教育または後継者候補からは外したほうが良いかもしれません。なぜなら、人間力がない、ということの証（あかし）ですから。

ということで、この部門間異動を行い、いつくかの部門を経験させるというのは、

「後継者の経験というものを広げる」、

「社長就任時の味方を増やす」だけでなく、

より多くの従業員に触れさせ、その反応を見ることにより、

「皆さまの判断をより正しくする」ことにもつながることになるのです。

とはいえ、どんなに前準備をしたとしても、

「まったく、図面も読めないのに大丈夫なのか?」

「経理も総務も人事もやったことがないのに、本当にトップの役割が果せるのか?」

などと思う従業員は必ずいます。ただ、できるだけそのような従業員の数（割合）を減らしておくことに越したことはありませんので。

この「組織を動かしやすくする」ための前準備として、時間があるのであれば、ぜひ、この方法を取ってみてください。そのためにも早く準備を始めていただきたいのです。

経営というのは自分より優秀な者をどれだけ自分が思ったように動かせるか

例えば、技術革新の激しいIT業界の社長が、日々物凄いスピードで進んでいくIT技術のすべてを理解しているでしょうか？　少々、昔になりますが、日本を代表するような航空会社をとても短い期間で再生した著名な経営者が飛行機（航空会社）の経営について経験されていたでしょうか？

どちらにせよ、会社経営、組織再生に必要な情報とその方法、動きが分かっているので、その情報を人（従業員）と道具（IT）を利用して収集し、そこから得られた情報を豊富な経験を元に分析し、熱い情熱とたっぷりの愛情を注いで必要な動きを組織として進めることができたからこそ、あのような短期間での大規模な再生ができたのではないでしょうか？　特に、この偉大なる経営者の場合は、前述に加え、人の心を動かすことがとても素晴らしく、ご自身から直接、すべての従業員にメッセージを送られたこともあったそうです。

皆さまも現在ではそのようになられているのではないでしょうか。創業当時から随分成長されて。自分ごとになりますが、日本でも経験がないのに突然、海外でホテル事業をやってこい！　と三十代そこそこの私に特命がありマレーシア・クアラルンプールに赴任しました。それまでの経

×
○
指示
結果
経営とは自分より優秀な者をどれだけ動かせるかだ

験は、人事、営業企画、経営企画です。そんな私に何の前触れもなく。命ぜられた以上は、やり遂げるという信念で、ホテルのグランドオープンを何とか守り、開業させました。すべてが未経験の連続でした。

その後、日本に戻り、冠婚葬祭運営会社、人材派遣会社などなど、まったく経験のない業界ばかりの経営、再生に携わりました。

この中で実感したのは、

「1つひとつの専門知識、自分のたった一人の能力」ではなく、

「その1つひとつの専門知識を持つ者たちの力、自分より仕事ができる従業員の力」を

「最大限発揮できる組織を創り、動かし、結果を出す」

ということが経営トップ、つまり社長の役割であるということです。

私の師匠であり、育ての父とも考えているA氏は、いつも言っていました。そのままを書きますと、

「古小路くんなぁ、経営というのは自分より優秀な者をどれだけ自分が思ったように動かせるかだ」

現在では、その優秀な者たちにより、その企業は誰もが知る大企業にまで成長しています。

後継者を選ぶに当たって大切なことは、必要なのは、専門知識だけではなく、人を動かすことのできる力、そしてその力を育むための熱い情熱と愛情と想いなのではないでしょうか。

過去の栄光があだになる

当然、経験をしたことがある業界、業種のほうがやりやすいということはあると思います。しかしながら、時間の流れが早い現代においては、そこで成功を収めた「過去の栄光」が邪魔になることもありますし、その「過去の栄光」に固執してしまうがゆえに、目の前にいる従業員、つまり、「現在のお客様」のことを知っている現場の情報を蔑ろにしたり、見失ってしまうこともあります。

さあ、皆さまの「物差し」を創って、どこの目盛りまで行ったら、社長の座を譲る、と決めてみてください。

時間は、止まってはくれません。

第3節 後継者に訊いてみる、社長をやりたいのか、と

ここでは、2つのケースに分けてお話しすることにします。

ケース1は、後継者が息子様（親族）で、まだあなたの会社に勤めていない場合
ケース2は、後継者があなたの会社に勤めている場合
です。

これはどちらのケースにも返ってくる言葉ですが、多くの場合はケース1でこのような形になります。

「息子はいるのだけれど、本人がやるかどうか分からないのです」

「息子は、○○（別の職業）をやりたい、と言っているのです」

その時には、このように訊き返すことにしています。

「確認されたのですか？」

ほとんどの答えは、NOです。この「やりたい」と聞いたのは、随分前の話で、軽い雑談の中で言っていたことを覚えている程度です。

なぜか？　身内には訊けないことがある

ケース1の場合、息子様はサラリーマンとして働いている場合が多いでしょう。

このようにお話しさせていただいている私もそうなのですが、会社では偉そうに従業員に対して「あなたの夢は何ですか？　将来どのようになりたいですか？」ということを面談の時などに平気な顔で訊くことができるのですが、やれ息子、娘になると、なぜかハッキリと訊きたいことが訊けないのです。

とはいえ、後継者を誰にするのか？　ということは皆さまのご家族、そして従業員とそのご家族の将来にとっても大切なことですから、ズバリ、息子様に、訊いてみたら、いかがでしょうか？

ただし、これからお話しする、話す時の環境づくりには十分注意をして。

ケース2の場合、つまり後継者候補があなたの会社で勤めている場合です。

私の場合は、特定の者に限らず、できればすべての従業員に経営者(社長)になってほしい、それくらいの成長をさせたいという想いがありますので、いつも従業員教育の場では「皆さまには少なくとも私のレベルまでには成長してもらいたいので、手間暇かけて丁寧に教育させてもらいます。そうすれば、少なくとも社長にまではなりますので」と。

ただ、こんなことを言っても、多くの従業員が「自分なんかが社長になれるわけがない」と勝手に「思い込み」、なかなかうまく行かないのが事実ですが、時には従業員の目の色が変わって、期待を遥かに超えた成長を遂げてくれることもあります。

とはいえ、従業員の中には、

昇進とか昇給に対して興味のない人(もしくは、あるけれども顔に出さない人)、

昇進(職位)に対してとても執着している人、

昇給(お金)にとても執着している人、そして、

社長になりたい、と実力にはまったく関係なく、漠然と思っている人

など、さまざまな価値観の人がいます。

たとえ親子であっても、二人が各々の価値感を正しく知ることができないこともあります。

ここで2つの例を挙げてみましょう。

分からないことは訊けば良い

ある日、人事部長が私の所へ来て、今回入社した○○さんの教育担当者から相談を受けたのですが、どのように対応して良いか分からず悩んでいます、ということでした。どんな内容かを訊いてみると、教育担当者が「○○さんが何を考えているか、分からないのです。どうしたら良いのでしょう?」と。

私は、即座に訊きました。

「○○さんに何を考えているのか、直接訊いてみれば良いでしょ、まだ訊いていませんね?」

答えは、「はい」でした。

もう1つ、こんな話もありました。私が、営業部長と打ち合わせをしている時に、販売促進策の提案があったので、こう答えました。

「提案内容は分かりました。お客様が望んでいることを進めてください。あなたがやりたいだけであれば、やってほしくないので、お客様が喜ぶか、満足する内容なのかを考えてから、再度、提案しに来てください」と伝えると、営業部長は小さく首を傾げながら、その場を去って行きました。その翌日の夕方になって、困った顔をして彼が私のところへ来てくれました。そして、

「いくら考えても分からないのです、お客様が喜んでいただけるかどうかが?」

もう答えはお分かりになりますよね。

「お客様に訊けば良いでしょ」です。

私の伝え方が、悪かったのかもしれません。

「お客様が喜ぶか、満足する内容なのかを考えてから」と伝えずに、

「お客様が喜ぶか、満足する内容なのかを確認してから」と伝えれば良かったのかもしれません。

とは言っても、彼はお客様に直接訊くことはなかったはずです。

なぜ、直接聞くことに躊躇するのでしょうか?

本当のことを聞くことが怖い

何となく訊きづらい、訊くのが悪いという2つくらいの答えしか、私には思い浮かびませんので、直接訊けば良い、という答えにつながってしまうのです。他の答えがあれば、違う判断となるかもしれませんが。

どんなに相手が考えていることを考えても分からないことがあります。というか、想像は想像でしかなく、分からないほうが多いのでは？　と思っています。

訊いて良いのか？　悪いのか？

身近な例では、奥さまへ普段はほとんど感謝の言葉を伝えることのない日本の男性陣が、たまに思い出したかのように結婚記念日とか誕生日にプレゼントを渡そうと、一生懸命考えて、街中を歩き回ったり、取り寄せなどまでして手に入れたプレゼントを渡しても皆さまの期待通りに喜んでいただけなかったことはありませんか？

場合によっては、値段まで聞かれて「何でこんな高い物買ったの！」と怒られたり。

この場合、奥さまに訊いていれば、プレゼント内容には満足させることはできるのですが、女ごころというのは男には分からないもので、訊いて買っても喜んで貰えない、ということもあるのです。そんなことが続くと、ついつい消極的になってしまい、結果的にプレゼントをしなくなり、記念日さえ忘れてしまうのです。そして、またもや怒られるのです。

しかしながら、後継者への意思確認の場合には、男には分からぬ女ごころというような大きな

壁はありませんので、時と場所を選んで「社長をやってみる気はあるか？　やってみたいか？」と訊いたら、

「はい」

「いいえ」

のどちらかの答えが返ってくるはずです。決して、怒られることはないでしょう。

ただ、その前後に、「自信がない」とか「いまは…」とか「考えたことがありません」とか「私がですか？」とか、いろいろな装飾語がついてきますが、真意を感じることはできるはずです。

ここでは、前にお話しした「はい」という「いいえ」はないのですが、

「いいえ」という「はい」

は存分にありますのでその部分は気を付けて見抜いてください。日本人はこのように訊かれると、本当はなりたくて仕方なくても素直に「はい」とは言えない国民ですので。

十分な準備と思いやりを

とにかく、分からないことはいくら考えても分からないのですから、直接確認してみることです。ただ、決して唐突に話をもちかけ、たった1回でクロージングまで持って行くようなスタイルだけは取らないでください。何ごとも段取り、お膳立てが必要ですので話をする環境づくりにはご注意を。これはケース1においても同じですので、お忘れなく。

この時には、なぜ訊いたかという理由とか、社長になるまでのスケジュールとか、社長になってからのあなたのバックアップなどを、上手に伝えながら確認をしてみてください。

先ほどお話ししましたが、人はそれぞれ「大切なもの」、「価値観」が違いますので、その辺りは事前に十分シナリオを考えて、伝えるようにしてください。

こんな言葉があると本人は決断をしやすいかもしれません。

「責任は私が取る。私はあなたを信じているので、自分を信じて存分にやってくれれば良い」という言葉で、相手の肩の荷を下ろしながらも、相手を信じていることを伝える言葉を。

第4節

後継者を育てるために3歩引いてみる

ここまで辿り着ければ、あと一歩です。

ただ、ここからが後継者を育てるステップの中で、もっとも皆さまが苦労するステージになりますので、一緒に乗り越えて行きましょう。

自分で「やらない」というストレス

後継者候補が見つかり、後継者としての合意を得、引き継ぐタイミング(会社組織を創り上げ、右腕を創り、社長がすべきことが50%まではできるようになった、という状態)まで成長したので、社長の座を譲った、というところから始めます。

そして、皆さまは彼を支えるために、まだ会社に残っている(かかわっている)、という場面を想像してください。

ここでは、皆さまがこれまでになく忍耐しなければならない時間と心が疲れる、ストレスに満ちた時間が待っています。

その原因は後継者が50%までしかできない、というところではなく、後継者とあなたのやり方が違う、ということに口も手も出さずに見ている（耐えなければならない）ということです。ここで、同じような結果が出れば良いですが、あなたが望んだ結果より低い結果になれば、腹が立つか、我慢のし過ぎで胃に穴が開く、ということにもなってしまいます。これは私の経験から来るものですので、このような時間を皆さまにも同じように、我慢して身体と心を犠牲にして耐えてください、とは言うつもりはありません。

この辛い経験を皆さまには味わっていただきたくないので、どうすれば我慢しなくても、ストレスを溜めずこの時間を成功裏に、身体と心を痛めず乗り切ることができるかについてお話しさせていただきます。

ここで、少しだけ「我慢」と「忍耐」の違いを。

「我慢」とは、苦しさや辛さに耐えること（受動的でネガティブ）

「忍耐」とは、自分が決めた目標に向かうまでに起きる苦しさや辛さをプラスにとらえて耐えること、待つこと（能動的で前向き、ポジティブ）

ですから、まずは、「我慢」ではなく「忍耐」と受けとめるようにすることが、この時間のストレスを軽くする第一歩になります。

常に「そもそも」に立ち返る

やはり「そもそも」に立ち返ることです。

・やり方が違っても、在り方が同じで、答え（結果）が同じであれば、それで良い
・在り方が同じであれば、少々の結果が低いのは50％社長だから仕方ない

この2つを初めから理解または覚悟をして、社長の座を譲る、ということです。

前者は、容易にご理解いただけるはずです。ここで、どうしても口を出さなければならないということがあるとすれば、結果が出たとしても、理念（在り方）から外れていること、または知識不足であるがゆえに知らず知らずのうちに法を犯してしまいそうな方向へ進みそうな時と考えておいてください。

後者についてです。こんなことを言うと皆さまから、あなたはいい加減なことを言うね、他人の会社だと思って、と怒られるでしょう。

ただ、決して、いい加減なことを言うつもりはありません。

この時の行動は、2つの判断軸にてお決めになることをお勧めします。

1つめは、少々低いが、この程度なら会社は傾かないので、今は口は出さず、ここで経営としての苦労を味わわせて、教育の場とする。

2つめは、このままではいけないので、私（皆さま）がやろう。

大きく異なりますが、この2つです。

1つめはとても耐えがたい判断なのですが、皆さまが見通しを立てた上で大きな問題がなさそうであれば、そのままで進め、時間をおいてから、後継者に「なぜ、あの時そのような判断をし、行動を取ったか?」を訊ねてみてください。そして、あなたの意見を押し付けるのではなく、私だったらこういう風にするかもしれない、と相手を尊重しながら。

影のスーパーマンの登場

2つめに、「私がやろう」と書きました。その「やろう」というのは、決して、社長の座に返り咲き、経営をやろう、ということではありません。お気持ちは分かりますが。

例えば、トップ営業(既に社長ではないので、トップとは言えないかもしれませんが)です。つまり、会社が傾かないためにスーパーマンが登場し、会社を(売上面で)助けるということです。誤った悪条件での受注さえしなければ、ある程度の利益は確保できますので。それもさり気なく。たとえば、こんな形で。

「○○社長(後継社長)、△△のような案件があるのだけれど、どのような条件なら受注しても良いかな?」

と、後継社長を尊重して、そして、謙虚に。

他の「やろう」(助け方)もあると思いますので、その状況により、こっそりスーパーマンが登場してあげてください。出すぎには注意です！

また、内部に目を向けてみると、従業員たちも戸惑っているかもしれません。新しい社長の下で働くことに。ここでも、皆さまがその戸惑いを解決することはやめてください。

必要な時にだけ右腕にささやく

それをするのが右腕の役割なのです。

その他にも、人の教育、組織創りのフォローや社長の素行改善などに、右腕を上手く使ってください。本来は「使ってください」という前に後継社長の至らない部分をフォローするのが右腕の役割なのですが、「社長という役職の人」には、なかなか言いづらいこともあったりしますので、その部分だけは皆さまが右腕にアドバイスをして右腕から改善させてください。

そして、結果的に後継社長の手柄となり、従業員が「後継社長」を「真の社長」と認めることにつながれば良いのですから。

ここまでをお読みになり、「それだったら自分が全部やったほうが楽だ！」と思ってしまうかもしれません。その通りです。

もしも、後継者を創らず、誰にも引き継がないというご判断をされるのであれば。

第5節

ここまで教えたのだから、あとは自分で考えてやれるはずだ、私はそうだった！

私は記憶力に乏しいので、よく忘れます。現在では、メモやボイスレコーダーに録音するなどして忘れないようにしています。ですから二十代からずっとたくさんメモを取るようにしているのですが、そのメモを見ても何が書いてあるか分からない時期がありました。字が汚いという理由ではありません。

どんなに一生懸命やってもできないことがある

なぜ、こんなにメモを取ったのに意味が分からないだろう？　思い出せないのだろう？　と悩んでいました。

そして、その疑問を解決するある出来事が起きたのです。

私が講師として話をしていた時です。

その参加者は、私の目の前に座り、ずっと真面目にメモを取っていました。こちら側からもその熱心さが伝わるほどでした。そして、研修が終わり、その参加者が私に近づき、質問をしてくれました。その質問を聞いて、「もしかしたら、あの時の私と同じではないか？」ということに気付くことができたのです。

その参加者が訊いてきたのは、質問ではなくて、「○○の教育が終わったら、△△または□□のどちらを教えることが良い、と言われていましたか？」という「内容の確認」でした。

当然のことながら私は答えをお伝えします。すると、次の質問も、質問ではなくて確認でした。この人は、誰かの代わりに参加していたのかな？とも思いました。そして、念のために「もしよろしければ、メモを取っていたノートを見ていただけますか？レポートを作成するということなどであれば、流れをお分かりになったほうが良いので」と伝えてみました。しかしながら、質問された内容の場所がなかなか見つからない様子でしたので、

「ご迷惑でなければ、拝見させていただいてもよろしいですか？」と尋ねると、すぐに見せていただけました。

予想通り、とてもきれいな文字で、びっしり漏れなくメモは取られており、その確認内容もはっきりとメモに書かれていました。せっかくここまで書いていただいたのだから、少しでも深く理解していただきたいという想いで、その質問された内容が含まれているテーマについて少しだけ私から質問をしてみたのですが、なかなか会話が噛み合わなかったのです。その時、

「分かった！　メモを取ることが目的（仕事）になっていて、話を理解することが二の次になっ

ている！」

私も同じで、忘れないようにメモに集中するあまり、大切なことが理解できていない。だから、メモを読み返しても、意味が分からなかったのです。

また、別の原因として、あるメンタルヘルスコンサルタントからは思考停止癖ということがあり、自分の分からないことがたった1つでもあると、そのことばかり考えてしまい、その後の話がまったく耳にはいらない、という人もいるそうです。

万が一、後継者が、私の例えのような状況に陥ってしまっていたり、または思考停止癖をもっていたら、結果的には忘れないようにメモを取り仕事をしているフリをしているだけで、何も頭には残らず、再現性もない時間を浪費しているということもあるのです。

あなたの愛情が未来に受け継がれる

ですから、どこまで教えても、

「ここまで教えたのだから」と思い込むのではなく、

「できるまで教えたつもりだったけれど、できないから、私の教え方が悪かったのだ」

と自責にしていただき、違った方法でもう一度教え直すとか、もう一度メモを見ながら説明するという温かく優しい想いで愛情たっぷりに接していただきたいのです。

すると、あなたの優しさ、愛情を感じた後継者は、このように育てられたことを「肌で覚え、その後継者が人を育てるときに、同じように育ててくれるようになる」のです。

良いことも悪いことも受け継がれていきますが、経験していないことは決して受け継がれていくことはありません。どうせ受け継がれていくのであれば、「良いこと」と「大切なこと」が受け継がれてほしいと思っています。


「いつも親から怒鳴られて育った子供は、大人になり親になった時、その子供を怒鳴る」

「温かい家庭で育った子供は、大人になり親になった時、温かい家庭を作ろうと努力する」

誰かが、どこかで変わらないと、未来はずっと変わらない。


さらに申し上げるとすれば、あなたの後継者が引き継ぐ相手、直属であれば、お孫さんは、息子さんとはまったく違った時代背景で育ち、異なる教育を受けた世代となります。

あなたから後継者へ引き継ぐより、もっともっと「価値観の違う者同士」での引き継ぎとなるのです。

ですから、今のうちから後継者にたっぷりの愛情を注いで、大切に育ててあげてください。そうすれば、時代背景と教育、そして価値観が異なる孫後継者にもたっぷりの愛情と手間暇かけて大切に育ててくれることでしょう。

「あと」とは「何のこと？　どこからどこまで？」

そして「あとは自分で考えて」について。

お話しになっている相手は、その「あと」のことを経験したことがあるのでしょうか？　または、皆さま、その他の人が実践していることを見たことがあるのでしょうか？　見ただけなのでしょうか？

もしも、この言葉の奥に「教育」というものが含まれているなら、こんなことが考えられます。

小学生に「小学校」で、「中学校へ行ってから習う数学」を解け、と言っても解けるはずがありません。教わっていないのですから。

ただ、その小学生を「中学校」または「中学生が通う学習塾」に連れて行って同じことを伝えたらどうなるでしょうか？　先生がいる、同じ小学生でも教えてくれる人がいる、参考にできる人がいる、ヒントがたくさんある場所で考えれば、人に訊く勇気があれば、その「あと」は解決できるかもしれません。

これは「教育の一環」として考えた場合ですので、そうでない場合は「自分で考えてやれ！」の部分をもう一度見せてあげてください。いつも見てるはず、というような声も聞こえてきますが、

「ただ見てるだけ」と

「教えてもらうために見ている」

では、大違いです。

信号機の赤・青・黄色の並び順は？

例えば、

「信号機の赤・青・黄色は、左からどのように並んでいますか？」

と訊かれたら、１００％の自信を持って答えられますか？

少なくとも、１日に１回見ていれば、１年で３６５回30年としても、これまでに10万回以上見ているはずです。これに似たようなことがたくさんあるのです。

そして、もう少しだけ皆さまにお願いするとすれば、

その「あと」についても、しっかり「できるまで」教えてください、

ということです、ゴールまで。

そして、それでもうまく行かないときは、皆さまが「どうしたら上手く、伝わるのだろう？」とまたもや自分ごとにしていただき、この本の前半を読み返していただければ、きっと問題解決につながるはずです。

ひとこと

顔つきも身体も大人でも、中味は子供と親はいつも思うものです。なぜなら、いくつになっても子供は子供だからです。

ただ、その子供も皆さまと同じように日々、努力し、成長をし続けてきたはずです。それを推し量るためには、皆さまが同じ年齢であった頃はどうだったか？　という比べ方をしても良いと思っています。それでも皆さまには遠く及ばないかもしれませんが。

このように本文をお読みいただいている間にも、大切な限りある時間が確実に減っていっております。

そして、万が一のことが皆さまの身に降りかかるかもしれません。

備えあれば憂いなし、終わり良ければすべて良し、

考えているだけでは、何の結果も得られません。

ただ時間が過ぎて行くだけで。

まずはやらせてみる、そんなご判断があっても良いかもしれませんね。

あなたがまだ傍《そば》にいるのですから。

第6章

「顧問弁護士、税理士だけに相談すれば良い」

という過ち

第1節

相談内容によって相談相手を変える

一般的に士業という表現をするのですが、それは、税理士、弁護士、司法書士、社会保険労務士などという資格の最後に「士」という名のもと、その資格がなければできない(許されていない)ことを生業《なりわい》としている人たちのことを表します。少し難しい言葉で言いますと、業務独占資格を生業の道具としている人たちのことです。

皆さまの会社においては、税務申告書を作成してくれる税理士、契約書の作成やクレームなどで困ったときに法律の面で相談に乗ってくれる弁護士または司法書士、給与の計算や入退社の時に書類を作成してくれる社会保険労務士などが身近ではないかと思います。

そして、このような人たちは個人事業主であったり、○○事務所に席を置いている人たちであり、会社を経営している人、会社経営者ではない場合があります。

ですから、皆さまが彼らに会社経営のこと、特に後継者の選び方や育成の方法などという企業人事にかかわることを相談してもその道のプロではないので、顔には出さないとは思いますが、本当は困ってしまっているのではないでしょうか？　なぜなら、彼らの専門から外れていますので、その答えに責任を持てないからです。プロとはそういうものです。
長い間、毎月来社しているので、ある程度は会社のことを知っているからとか、年齢が上だから、ということは、皆さまがお話相手としてお選びになることは良いのですが、
相談している相手は「何の専門家」か？
ということを念頭において相談をする必要があります。

孤独であるがゆえの身近な相談相手

皆さまのお気持ちは分かっているつもりです。

「経営者は一人で、孤独なのです」

そんな皆さまが、従業員の誰にも、時には家族にも言えないことを言うことができ、相談に乗ってくれる人がいると、心が安らいだり、スッキリしたり、癒されるのです。いつも多忙で外部の人とお付き合いといえば、取引先と幼なじみと昔からの同じ地域の経営者というような人にとっては、唯一の相談相手が、顧問の士業の人たちとなってしまうのです。

ただし、それと「現在の問題を解決する」ということは別の話とお考えください。

例えば、あなたのところに仕事で悩んでいる従業員が相談に来たときに、あなたがとても親身になって対応してくれるので、仕事にまったく関係のない恋愛についても相談されるようなものです。その時に「そんなことを突然言われても…」と思いながらも、何とか期待に応えてあげよう

と、助けてあげようと、できる限り誠実に答えるはずです。恋愛相手のことも、相談してきた従業員のプライベートもほとんど知らないのに。自分の経験則を基準として。

では、その答えに責任が持てますか？

その時の従業員が「あなた」で、恋愛問題にアドバイスとしているあなたが「士業」の人たちです。

少し、方向を変えてお話しすれば、タクシーに乗って目的地に行くまでに「この車は何馬力で、何キロまで出るのですか？」と訊くようなもので、タクシーの運転手はお客様を安全に最短時間の道順（または最安価の道順）で（車内において）快適に送り届けることが仕事であり、車の性能を説明することが仕事ではありません。

同じことが言えるのです。彼らには彼らの専門の仕事があるのです。プロとしての仕事があるのです。

相談内容によって相談相手を変える

税理士は税金の計算をする人、私が好きな税理士は、いろいろな税に関する法律やその解釈、新しく施行されたもの、最新の情報をお客様に合わせて提供してくれる税理士であり、弁護士は法律を教えてくれる人、私が好きな弁護士は、まずはあなた（お客様）の意向を訊き、そこに向かうように「判例」と「法の解釈」などを参考にして迷路のように込み入った過程（みち）を理論付け、一緒に戦ってくれる人です。

このようなことを相談すれば、専門家として格段に品質の高いご判断、アドバイスをしていただけます。ですから、相手を間違えてはいけません。

また、同じ専門であっても、その中もいくつかに分かれており(大学でいえば、学部の中に学科があるように)、得手不得手もあるのです。いつもと違う相談内容がある場合は、その内容が得意な専門家に相談しなければ、得たい結果が得られないのです。後でお話しするコンサルタントでも同じです。

私たちが病気になった時にお世話になる医者といっても、内科、小児科、消化器科、循環器内科などの内容(症状)によって診察・治療をしていただく病院、そして医師を変えたり、もう少し違うたとえをすると「体操競技選手」といっても、男子の場合では床運動・鞍馬(あんば)・つり輪・跳馬・平行棒・鉄棒という6つも種目があり、床運動と鞍馬は得意であっても、平行棒と鉄棒が苦手という選手がいるというようなものです。

では、どのように調べて探せばよいかが分からないということであれば、今の時代にはインターネットというとても便利な道具がありますので、仕事の合間にでも検索をしていただければ、きっと見つかるはずです。

第2節

一番知っているのはあなたです

「仕事（商品、サービス、技術など）」のことでは、さすが経営者と言わんばかりに自信満々でご判断されるのに、「人」のことになると急に自信なさげに「私は見る目がないんですよね」などとおっしゃられる経営者がいます。

この章のテーマは、誰に訊けば間違いが少ないか、そして、その「誰」という相手をどのように見つければ間違いが少なく、どのように接する、相談することでより価値のある情報を得、そして明るい未来を切り開いていくことができるかということについてお話しさせていただきます。

読み進めていただくと、いろいろな相談相手が分かると思いますが、始めに言っておきますが、最終的に決めるのは、あなたです。

ここまで、こんな鬱陶しいことを語る本をここまで読んだのですから、おおよその後継者の選び方、育て方については つかんでいただいたはずです。

とはいえ、間違っているかもしれないので誰かに相談して決めたい、誰かの意見を聞きたい、という皆さまのお気持ちも分かっております。

人を見極めることは難しい

私は人事の出身で、採用、人事考課（つまり評価）、人事異動そして人事制度設計という仕事に長い間携わってきました。その中でも、「採用（この本の流れで言い換えるとすれば、人の見極め）」という部分において、思った成果が生み出せなくて悩んでいたことがありました。そこで、もっと良い成果を上げなければならないということで、人と人とが向き合わなければできないこと以外のこと、そして再現性を保つために人事制度（仕組み）によってある程度のところまで動かし、そこからはみ出た部分を自身の目で見た判断で決めることが間違いが少ないことに気付き、人事制度を設計するようになりました。

私が初めて採用に携わった時の上司は、私が悩んでいると「採用は3割バッターで良い」とおっしゃられました。本心かどうかは分かりませんが。

私は「そんな低成功率で良いはずがない！　人の人生を決める仕事だ！」と意気込んで、一生懸命、面接という仕事に励み、1年ほど経って何とか8割バッターにまではなることができましたが、いまだ百発百中というレベルにはなっていません。この間でここまでなれたのは、面接という仕事が、私の数少ない仕事のうちの1つであり、物凄い数の面接と書類審査をしたからであると考えております。

ただ、これは採用面接（入社していただくかどうかの見極め）のことで、最長所要時間1時間の話です。

人ではなく、何が必要かを見極める

しかしながら、あなたが今、後継者にするべきかどうかを考えている相手は、少なくとも数年は、長ければ10年以上もあなたが見てきた、あなたについてきた人物のはずです。ともすれば、その一緒にいる時間は後継者の奥さまよりも長いかもしれません。

誰かに相談をすることは良いことです。同じ意見であれば、ホッとしますし、間違っていれば考え直すこともあるでしょう。とはいえ、その人を会社で一番知っている人はあなたなのです。だからこそ、その人を後継者にしようかどうかお悩みになっているのではないでしょうか？

人を見極めることはとても難しいことですが、人の能力、スキル、人間力を見極めることはそんなに難しいことではないはずです。すでに挙げていただいた内容が誰に最も当てはまるか？ということに目を向けてもう一度、後継者には誰がふさわしいかを見極めてください。

それも万が一に備えて、できるだけ早いうちに。

どんなに「やるだけのことをすべてやっても」百発百中はございませんし、時間には、限りがあります。

もしも、失敗したとしても、その理由が候補者選びの方法だったのか、育成方法だったのかという改善すべきポイントが分かるはずです。そうすれば、次はもっと適切な判断と育成ができるようになります。

私は信じております。

あなたが選ぶ人物に間違いはない、と。

第3節

会社を一歩出て、同じ悩みを持つ経営者に出会う

ここでは少し息抜きをしましょう。
ここまで読み進め、実践していただくことをお決めになった皆さまに、ありがとうございます、の感謝を込めて。

「こんなことを初めて他人（社外の人）に言うことができた」という不思議な場所に行ったことがあります。いろいろな学びとともに、とてもリラックスできる場所でした。そこには秘密保持契約とか守秘義務とか堅苦しい書類や義務はありません。話すのも自由、話さないのも自由、どこまで話すかも自由、誰と話すかも自由です。そして、営業活動まで出来てしまう場所です。

不思議な場所：経営者セミナー、○○勉強会

それはどういう場所かというと、
「経営者セミナー」「○○勉強会」

などという場所です。

可能であれば、皆さまの地域から一歩外に出た場所で、経営者が集う会が良いでしょう。同じ地域や商圏ですと、せっかくの「息抜き」ができなくなってしまいますので。

また、皆さまの会社でも従業員たちにはメンタルヘルスということで国や地域からの指導などが届き、できる限りのことを大切な従業員の皆さまのためにお金と時間をかけて対応していることと思います。さらに、働き方改革というテーマもあり、日々、本業の売上を上げる以外にご尽力されていることと思います。

このようなメンタルヘルス、労働時間などについては、常に従業員に目が行きがちですが、ここで目を向けなければならない「もう一人の大切な人」がいます。

一番心配しているのは、あなたのことです

それは経営トップ(社長)、「あなた」です。社長が「判断を誤らない状態を維持する」ことです。休みもなく、相談相手もなく、いつでもどこでも会社のことを考えるというストレスが溜まる仕事(役割)を続けていれば、どこかで壊れることがあります。それが身体であったり、心であったり。

私も従業員のメンタルヘルスを維持するために、コンサルタントを雇って従業員向けのセミ

ナーや個別面談を開催していました。そのセミナーや面談の前にはコンサルタントと当日の目的の確認や解決してほしい課題などについて打ち合わせをするのですが、いつも最初にコンサルタントから「調子はどうですか？」と訊かれるので、「まったく問題ないですよ」といつものやせ我慢で答えていました。すると、

「私が一番心配しているのは、あなた（社長）のことです。ちゃんと休んでいますか？　疲れていてもそれを表に出さず、しまい込んでいる人が最も危険なのです。突然、壊れますよ」と言われるので、「どこが壊れるのですか？」と訊くと、

「あなたのような人ほど、突然うつ病になったりするのです！」

と考えてもみなかった答えがプロから返ってきました。そこで、私は、

「週に1度はできる限り、休みを取るようには心掛けています」と答えると、

「休みは何をしているのですか？」と訊かれ、

「健康を維持するために、スポーツジムに通っています。良い息抜きになるのです」と答えると、

「それは休んだうちに入らない、ボーっとしてください」といつも怒られていました。

テレビなどでもよく見ますが、バリバリの経営者が趣味でマラソンとかトライアスロンとかをするのは、常に「自分を追い込む何か」をしていないと落ち着かない、ということで通常よりストレス、負荷のかかるスポーツをするようになるそうです。私はスポーツジムに通っているのですが、トレーニングの1つとして加圧トレーニングというものをします。一時期流行ったトレーニ

ングで、上半身を鍛える場合には腕の付け根、下半身の場合には太ももの付け根に特殊なベルトを巻き、血液の循環を遮りトレーニングをするのですが、そのトレーニングをしている最中に急に汗が冷たく感じて、何度か脳貧血で倒れそうになったことがあります。そこまで追い込むことで、なぜか達成感があるのです。というより、そこまでやらないと運動をした気にならないのです。

「ボーっとしてください」と言われても、経営者である以上、会社にいようが、家にいようが、風呂に入っていようが、息抜きのつもりのスポーツジムで汗を流していようが（脳貧血の時は、さすがに考えていなかったと思いますが）会社の経営を考えることが仕事なので、仕方ないと思っていました。眠っていても、夢の中で仕事のことを考えていることだってあります。今でもこの部分は変え切れていません。

同じ悩みを持つ経営者と息抜きをしながら課題を解決する

当時は息抜きで行っていたつもりはありませんでしたが、いま考えてみると、唯一、息抜きができたのが、見知らぬ経営者と話をすることができたり、お酒を呑んで悩みを吐き出すことができる場所、セミナーとその後の懇親会などであったような気もします。

そこには「同じ悩みを持つ」住んでいる場所も事業内容も異なる経営者（社長）が集まります。なぜなら、その「セミナーのテーマ」がそこに集まる「経営者の悩み」なのですから。

セミナー中には、一生懸命、悩みの解決方法を学びます。例えば、採用活動が上手く進まないことが悩みであるという経営者(時には人事担当)がどのように求人票をハローワークに提出すれば採用できるか、どのような会社説明会をすれば採用できるのかなどを講義していただき、それを持ち帰って自社で実践するという流れが一般的です。ただ、セミナーといってもずっとセミナー講師の話を聞き続け、最後にセミナー講師に質疑をするスタイルもありますし、セミナー中にグループに分かれて、悩みごとを挙げ、一緒に解決するというスタイルなど、いろいろとあり、グループに分かれてワークをする場合には、運が良いとまったく同じ悩みを持っている人、その悩みを解決した人などと出会えることもあります。

そして、そのセミナー後の懇親会などという場所に行くと、お酒を呑みながら、会社では言ったこともない、言うことのできない悩みなどを各々が口に出し、共感したりされたり、解決策を聞くことができたり、その後に仕事につながったり、良き友人になれることもあります。

私にとっては「休日」と称し、自分では休んでいると思っている時間(ほとんどがスポーツジムか音楽鑑賞)とこのセミナーに参加している時間、特に懇親会の時間はとてもリラックスができ、問題解決ができたり、自分だけが悩んでいるわけではないという孤独感からも解放される場所でした。時には勇気と自信をもらう場所でもあり、自分がいま立っている位置や見方を変える、つまり「視座を上げる」こともできる場所でした。このように、いろいろなことで話ができる人ができてくるのです。あなたの後継者に関する課題、経営課題などに相談に乗ってくれる人、一緒に考えてくれる人ができるかもしれません。

場合によっては、セミナー講師との交友が深まり、後でお話しする師匠となる場合もあるのです。これも外部セミナーの良い点です。

価値ある時間とお金の使い方

1日という「時間」と数万円の「お金」を使うことになってしまうことになりますが、こういう場所で会社にいては話すことができない、知り合うことができない人たちと会い、学び、かつ、ストレス発散をし、勇気と自信をもらうことができれば、とても価値のある時間とお金の使い方であると、私は考えています。

たとえ、そのような人と出会えなかったとしても、たまには会社から離れ、今いる場所から離れて新しい場所で、新しいことを学び、新しい人と出会う、ということは「良い息抜き」になるはずです。

メンタルヘルスコンサルタントは、その道のプロですから、「突然、壊れる前に」足を運んでみてはいかがでしょうか？


これで、相談相手が増えそうですね。

時間は「有る無い」を考えるものではなくて、
時間は「創るもの」です。
誰にとっても1日は24時間しかないのです。そして、止まってもくれません。
自らが動いて変えようとしなければ、何も変わりません。
さあ、動き出しましょう！

第4節

時には、外部のコンサルタントの意見を聴く

このテーマを見ると、私の営業のように見られるかもしれませんが、「そもそも」私は皆さまと一緒に経営をする者であって、コンサルタントとは思っておりませんし、ここで営業をするつもりもございませんので、安心して読み進めてください。

前節同様、皆さまの課題を外部からみて正しく判断し、解決するということがテーマになります。

先ほどは経営者セミナー、その後の懇親会についてお話しさせていただきましたが、私の活用方法とは少し違った参加者もいます。

その参加者は、まったく他の参加者との会話、交流をせず物静かに懇親会の場でも時間を過ごしているのです。初めて会った人と打ち解けることが苦手であったり、話しかけることが苦手、嫌な人だったりするのでしょう。前者のような人見知りと言われるような理由であれば、何回か通うことにより、知り合いになって語り合えることがあるかもしれません。しかし、そもそも話しかけることが苦手とか、知らない外部の人に会社のことを話すのは気が引けるという経営者も

いると思います。それは、そうかもしれません。そこでは機密保持契約を結んだ者同士が話しているわけではありませんので。

そんな皆さまの味方になってくれるのが、経営コンサルタントです。とはいえ、経営コンサルタントという名の職業の人は数多くいますので、お選びになるときは慎重に。間違いの少ない選び方については後でお話しします。

3つの大前提と3つのやってはいけないこと

これまでに経営コンサルタントと呼ばれる職種の人たちとお付き合いされたことのない皆さまもいると思いますので、参考として、経営コンサルタントとの付き合い方についてお話しします。

3つの大前提として、

・彼らは自らの手を動かして、身体を使って課題を解決はしてくれません
・財務諸表などを確認し、問題であろうポイントを指摘してくれます
・社内の状況をみて、問題点らしきポイントを指摘してくれます

そして、決して「やってはいけない」3つのことは、

・彼らのコメントを鵜呑みにすること
・彼らのコメントを素直に聴かないこと（聴くのは聴いて、その後に判断する）

・皆さまが言いたいことを言わないこと

この3つの「大前提」と3つの「やってはいけないこと」を頭に入れた上で、彼らと接すれば、大きなストレスなく、良い結果が導き出せると考えています。

また、お金を出せば、皆さまが手を動かす代わりの作業もしてくれますが、「時間いくら」などと計算されたら法外な費用となってしまいますので、手を動かすのは自分である、と初めから考えたほうが長続きしますし、良い結果が導けるはずです。

こんな前提だったら「コンサルタントなんかいらない!」とおっしゃられるかもしれませんが、「コンサルタント」と「セミナーなどで出会う人」との違いは、機密保持契約を結びますので皆さまの秘密は守られますので、彼らに話したことは外部には漏れません。前のお話からの続きでは、このポイントは重要になるはずです。

これでその問題は解決しましたので、皆さまが誰にも相談できなかったことを気兼ねなく吐き出すことができるようになります。

これ以外のメリットとしては、

・マーケットの状況や他社の成功事例などを聞くことができる

・自分では思いつかなかった是正点、改善点が見つかる

・ものの考え方が広がる、視座が上がる

・自分が直接言えないことを、代わりに言ってくれる(例えば、ご子息や親族などに直接伝えてしま

う と喧嘩になってしまうので、代わりに外部からの目線で伝えてもらうなどです）

そして、最も大切なことである

・課題が解決できる

です。

判断をするのは、あなたです

とはいえ、コンサルタントを起用したとしても、皆さまが「ご自身でしなければならないこと」を参考のため、3つ挙げさせていただきます。

・経営判断をすること

・あなたがしたいことを明確に伝えること、できれば文書で

・リスクを取ること

「これでは、何も変わらないではないか！」

「だったら、やっぱり、やめた！」とおっしゃる前にもう数ページだけ読み進めてください。

次に、コンサルタント、相談相手の選び方をお話しします。

まずは、「やってはいけない」3つのことを。

・良い人だから、この人にしよう
・(報酬が)安いから、この人にしよう
・私の言うことをよく聞いてくれるから、この人にしよう
です。

コンサルタントを起用する目的は?

前にお話しした仕事の相談相手というよりも、孤独を埋め、心を癒してくれる話し相手、というならこの3つをやってしまって決めても良いかもしれませんが、このコンサルタントを起用する(この人にお金を払う)「そもそも」の目的は何でしょう?

「現状を変える、改善すること」ではないでしょうか?

「後継者を育てて、会社を引き継ぐ」ということです。その他にも経営課題を解決したいなどということもあると思いますが。

決して、この目的からはブレないでください。

「何のために」

という、もっとも大切なことから。

では、この目的を達成するためのコンサルタントを選ぶ、決める時の3つのポイントを少々の説明を加えてお話ししますと、

・あなたの言うことが理解できる
→まず、話が通じなければ何も進みません（そんな人はいない、と考えたいのですが、そんな人もいますので）
・あなたの言うことに対して、異なる見解を言ってくれる
→イエスマンなら、時間とお金を使う価値はありません。責任逃れのためにイエスマンになる人がいます。そんな人の口癖は「…と社長がおっしゃったので」

・これまでに人を育成したことがあり、組織を創ったことがあるということです。

ただし、初回の面談のときは、彼らは１００％営業マンとして接してきます。「プロのコンサルタント」は「営業もプロ」ですので、あなたが彼らをどのように見極めるかというポイントも知っているはずです。

そこで、このように訊いてみてください。

「私の解決したいことは〇〇です。あなたなら、どのようにして解決することができますか？これまでにどのようにして解決してこられましたか？」と。

これだけで、目の前にいる人が人財育成の経験があるかどうか分かるはずです。本来は、まだ見ぬ会社の課題解決方法は分かるわけがないのですが、力のあるコンサルタントであれば、あなたからのヒアリングを聞いてそれを基礎情報としていくつかの仮説を創り「どのようにして解決

することができるか？」という部分に答えることができます。それが正解かどうかは別として。その答えを聞いてその人がどれだけあなたが言ったことを正しく理解し、あなたの力になってくれるかを感じることができるはずです。

その時に、少しでも良き判断材料とするためにも、コンサルタントへは明確にあなたの課題と現在の状況、ゴールを伝えてください。

ただし、手段を伝えること、「〇〇（手段）をしてほしい」ということは、あとにしてください。なぜなら、「〇〇をしてほしい」というとプロの営業マンはその周辺のことを語り、大切なことを煙に巻いてしまうかもしれませんし、報酬（彼らに支払うお金）ＵＰの理由になってしまうからです。

それでもうまく見抜けるかどうかが不安な皆さまは、先ほどお話ししたセミナーに参加し、その講師などの話を聞いて、その講師または会社があなたの問題を解決できるかどうかを見極めて、そこにお願いするという方法もあります。

今を変えなければ、未来は変わらない

こんなことをお話しすると、またもや、だったらコンサルタントなんていらない、とおっしゃられるかもしれません。

では、ここで１つ質問させていただきます。

「では、どのように現状を打破、変えるおつもりですか?」ということです。
何かを変えなければ、何かを始めなければ、未来を変えることはできません。
・士業に相談する価値がないというのであれば相談することを止め、たった一人の判断で進める
・コンサルタントにも訊かず、たった一人の判断で進める
・外部の友人を創ることができないので、たった一人の判断で進める
・これまで通り士業だけに相談して進める
など、いろいろなご判断があると思います。ただ、これでは
「これまで」と
「今」と
「未来」
が同じ一直線上にあるとしか思えません。何も変わりません。変わっていません。
著者の役割は、この本の価値は、
「この本を手に取っていただいた読者の皆さまの悩み、痛み、課題を解決する、または解決するお手伝いをし、この本を手に取る前より、幸せになってもらう」
ことです。

今を変えるためには、今以上の時間とお金が必要になる

ですから、もう一度だけ申し上げます。

・「時間」を捻りだして会社から一歩出て、おなじ境遇の経営者（仲間、戦友たち）に会う。
・外部に「お金」を出して、相談する。

このどちらかに、「時間」と「お金」を使ってみてください。

もう1つ他にあるとするなら、ヘッドハンティングという外部から「出来る人物」を呼んでくる、つまり、採用するという方法がありますが、さらに費用と時間が掛かってしまいますし、受け身の話なので、いつになったら結果が出るか分かりません。ずっと答えが出ない可能性もあります。時間は有限であるにもかかわらず。

万が一、この「時間」と「お金」のために会社が傾くようでは困りますが、現状を変えるには、今まで以上の「時間」か「お金」を使うことでしか未来を変える方法はないのです。

何かを変える、ということは、「今の仕事をし」ながら「新しいこと」を考える（する）わけですから、「今まで以上の時間とお金（時間もお金です）」が必要になるのです。

考えるため、知恵を出すためには、学ばなければなりません、気付かなければなりません。そのためにも、「時間（学んでいる時間、本を読んでいる時間）」と「お金（時間、書籍、教材費用など）」が必要になるはずです。

この「時間」と「費用」は会社の未来を創るため、発展させるために必要なものなのです。

この大切な資源を使った分は、将来何倍にもして返してもらえば良いのです。

時間もお金もかけずに、未来を変える

ここまでは、とても鬱陶しい内容で、現状を変えるために「時間」と「お金」が必要である、ということについてお話ししましたが、次のページからは「時間」も「お金」もかからず、最強の効果を発揮してくれる「強い味方」についてお話ししますので、楽しみに読んでみてください。

士ではなく師(匠)を持つ

これまでは外部の経営者やコンサルタントについてお話しさせていただきましたが、ここでは、皆さまを支えてくれる重要な人(想い)についてお話しします。

それが「師匠」です。

ここでは、「時間」の話も、「お金」の話もいたしません。

3人の師匠

私には、3人の師匠がいます。勝手に私が師匠と思っております。

一人目は若き日に長い間、こんな私を育てていただいた会社のA氏、私は勝手に育ての父であると考えています。二人目はその会社に拾ってくれたB氏、「好きにやれ！ 良いことは報告しなくていいので、悪いことだけ報告しに来なさい！」と温かく育てていただきました。

三人目はとても厳しく温かく育てていただいたC氏、いまだに初老の私を叱ってくれます。

この3師匠の性格はまったく違っており、判断の仕方も、仕事の仕方も、話し方もまったく違っていました。とはいえ、師匠といってもA氏とB氏からは仕事を教えていただいたことはありません。また、褒められたこともありません。ただ、叱られたことだけはあります。

なぜ、私が師として慕っているかというと、お二人と長く接する中で、その生き方と考え方が当時から今までずっと素敵に見えるし、その生き方が好きで憧れているからです。

そして、C氏からはよく叱られました。私を拾っていただいたB氏との採用面接では髪を染め、レイ・チャールズ、忌野清志郎のように下唇の下に長いひげ(ソウル・パッチ)を生やしていました。いま思うと、よくそんな私を上場企業が採用したな？　と思います。現在なら100％アウトでしょう。入社直後はB氏の下で働いていたので、その一風変わった風貌でいました。その後、C氏が上司となった時です。呼びつけられ、

「プライベートではどんな格好をしても構わないから、会社ではあなたの仕事にふさわしい役を演じなさい。あなたは第一印象で損をしている。そんな必要のない損を初めからする必要はない！」

と叱っていただきました。

自分が好きなこと(恰好、風貌)をしていることで、自分が損をしていること、仕事でしたいことができていない、弊害になっているということを気付かせていただき、教えていただきました。

これも「伝え方」ですね。

今でも、C氏とは年に数回はお会いしてお酒を呑み、唯一、私を叱ってくれる存在であります。

少し年の離れた兄のような存在と勝手に考えています。55歳になっても叱ってくれる師匠がいることにとても感謝しております。

そして、何も口では教えてくれなかった育ての父A氏ですが、いまだにこれまでに経験したことのない大きな課題に直面すると、A氏だったらどう判断する、C氏であったらどうする？と、とても偉大な二人がするだろう判断と自身の判断を掛け合わせ、答えを出すことがありますし、時にはA氏の自宅の前を通って、

ここに育ての父がいる、この人に育ててもらった、こんなところで止まっていてはいけない、これでは恩返しをすることができない、とA氏の姿を思い浮かべ、元気をいただくこともあります。

私の場合は、師匠という存在が過去の勤務先の上司や経営者となっていますが、人によって

は、学校の先生、クラブ活動での先輩、時には両親という人もいると思いますし、前にお話ししたセミナーで講演した講師を師匠としている経営者も知っています。

セミナーで師匠を見つける方法

セミナー講師を師匠にしている経営者がいる、というお話をしましたので、ここで特別にセミナーで師匠を見つける方法を「ここだけの話」としてさせていただくことにします。

私がセミナーに参加する場合、必ず一番前の列の講師が話をする演台の目の前に座ることにしています。初めて出会う人ですから、どんな人物かは分かりませんが、一番近くにいることにより、講師は私を他の人より感じているはずです。そして、ご存じの通り、私は記憶力に乏しいのでいっぱいメモを取ります。相槌もたくさん打ちます。拍手もします。これも講師への良いアピールになります。また、私も、すぐ近くにいることで、講師の人という部分(情熱や大切にしていることなど)を感じることができます。

そして、場合によってはセミナー開始前、通常は最初の休憩時に1番最初に名刺交換に走ります。そこで直接、印象付けをするのです。なぜならば、素敵な人であれば、相談に乗ってほしいですし、そこで話をすることによって、セミナーのテーマを私の業種、地域に合わせてお話をしてくれる人もいれば、私の悩みにぴったりの話をしてくれる人もいます。

彼らにとってはセミナーという場所は、販売促進・宣伝の場で、コンサルタントという業種は基本的に営業をしない業種ですので、インターネット・DMなどでは集客することと、セミナーで見込み客を創って、その後に個別にアタックし、企業の顧問やコンサルタントとしてつなげることですから、この場ではとても愛想よくお話しをしてくれます。少々、気恥ずかしいかもしれませんが、同じ時間とお金の中で、得たいものをより多く得るための行動なので、良いこととは思いませんか？

時には、一番前に座ってはみたものの内容の薄いセミナーで、途中から内職をしたり、抜けてしまうことがあったことも事実です。

セミナーに参加する際、そして師匠、相談相手を見つけたいのであれば、ぜひ実践してみてください。

師（匠）は人でなくても良い

ここまでは師匠＝人となってしまっていますが、それが「誰かの言葉」であったり、「音楽」であったり、「書籍」であっても良いと思います。

小説やビジネス本を読んでいても、

「あの人にもこんな時代があったのだ。それを〇〇したから、いまのあの人がいるのだ」とか、「こんな生き方、考え方があるのだ。一度手本にしてやってみよう！」とかです。

言葉で言えば、座右の銘とでも言うのでしょうか。これならお金も掛かりませんし、情報が外部に漏れることもありません。

つまり心の支え、が必要だということです。いつもたった一人で孤独の中で生きている社長が息抜きをしたり、時には自分にだけ言い訳をしたり、自分を褒めたり、慰めることできる場所が必要なのです。

ひとこと

想像もしない大きな壁が目の前に立ちはだかり、どうして良いか分からなくなることもあるでしょう。

投げ出したくなってしまうこともあるでしょう。

また、たった一人で決めることに躊躇をしてしまうこともあるでしょう。

誰かに助けてほしい、と叫びたくなることもあるでしょう。

そんな時のための「何か」を見つけていただきたいのです。

できれば、仕事の悩みを少しだけでも理解し、解決してくれる、または解決するための糸口をささやいてくれる「何か」を。

その「何か」の一例が、他の会社の経営者であったり、コンサルタントであったり、師匠（人）であったり、師匠（言葉、書籍、音楽など）なのです。

そして、時には、少しだけそこへ逃げても良いと思います。

ずっと重い責任を背負い、孤独の中で耐えていては、見えるものも見えなくなってしまいますので。

何をしなければならないかさえ忘れず、訊く相手さえ間違わずに、またここ(経営者である自分)に戻ってくれば良いのです。

第7章

「まずは、資産の引き継ぎが重要である」

という過ち

第1節

引き継ぐものは「2つ」ある

会社を引き継ぐということは「2つ」の「別々のもの」を引き継がなければならないということであること。それは、

「株式などのお金にまつわるもの」と

「経営（目に見えない事業そのものの、会社の中味）にまつわるもの」であるということをご確認の上で、これからするお話をお聞きください。

この2つの別々のものを引き継ぐのですから、

「会社の持ち主（株主）と社長（経営）は違っていることがあっても良い」というテーマから始めます。

自動車の持ち主と運転手は別の人であっても良い

中小企業の多くの場合、皆さまがご自身のお金を使って（出資して）会社を設立し、その多くの割合の株式を持ち、その会社を社長として経営しているので、たまたま所有者（株主）と経営者

（社長）が同じであるということです。

少しお話ししましたが、自動車を走らせることを考えてみてください。

乗っている「自動車の持ち主」は「あなた（株主）」で、【運転している】のもあなた【社長】です。

時には運転が上手な人に運転を変わってもらうこともあります。例えば、縦列駐車や狭い路地に入った時に。また、長距離運転で疲れた時には、同乗者で免許を持っている人に運転を代わってもらうこともあります。さらには、車が好きで車は持っていても、運転免許を持っていない人もいます。

もう1つ、あなたが好きな料理をあなたのレストランで提供したい、ということでイタリアンレストランを開店したとしましょう。お金を出したのはあなたです（「あなた」が「所有者」です）。しかしながら、調理師免許もないし、料理もできないので、資格を持った料理のできる【シェフ】（その店の【店長】）を雇って店を営業しなければなりません。

簡単な2つの例ですが、

「所有者」より【運転の上手な人】がいれば、運転の上手な人に運転を任せたほうが、安全、かつ、快適に目的地まで到達することができるはずです。

資格を持ち、料理ができる【シェフ】がいなければ、どんなに「あなた」がお金を持っていても、舌が肥えていてもイタリアンレストランを開店することができません。

後継者に「会社を引き継ぐ」とはどういうことでしょうか？

ともすると、一般的に「会社を引き継ぐ」とか「事業承継」という簡単すぎるたった1つの言葉で表現してしまっているので、逆にその内容や方法が複雑化して見え、困難に思ってしまうのかもしれません。2つに分けて考えれば簡単なことであるのに。

これまで話し続けているのは「会社の【経営】を引き継ぐこと」であって、「会社の株式」を引き継ぐことではありません。

会社を引き継ぐということは、事業「継承」と事業「承継」を行うこと

整理をしますと「会社を引き継ぐ」という言葉には、

・会社という箱（株式、不動産などの固定資産とそこにある資金など）を引き継ぐ＝事業継承
・事業（会社の経営そのもの、社長、理念という事業の中味）を引き継ぐ＝事業承継

という2つの要素が含まれていています。

先ほどの2つの例で考えるとすると、次の運転手を誰にするか？　シェフを誰にするか？　ということが、後者の「事業（経営そのもの）を引き継ぐ」相手を誰にするか？　ということです。

この車を誰に譲るか、このレストランを誰に譲るかというお話は、ここではしておりません。なぜなら、これは前者である「会社という箱を引き継ぐ」という「別のこと」であるからです。

例えに戻れば、誰が運転しようが、シェフになろうが、車やレストランの持ち主はあなたで変わりないのです。

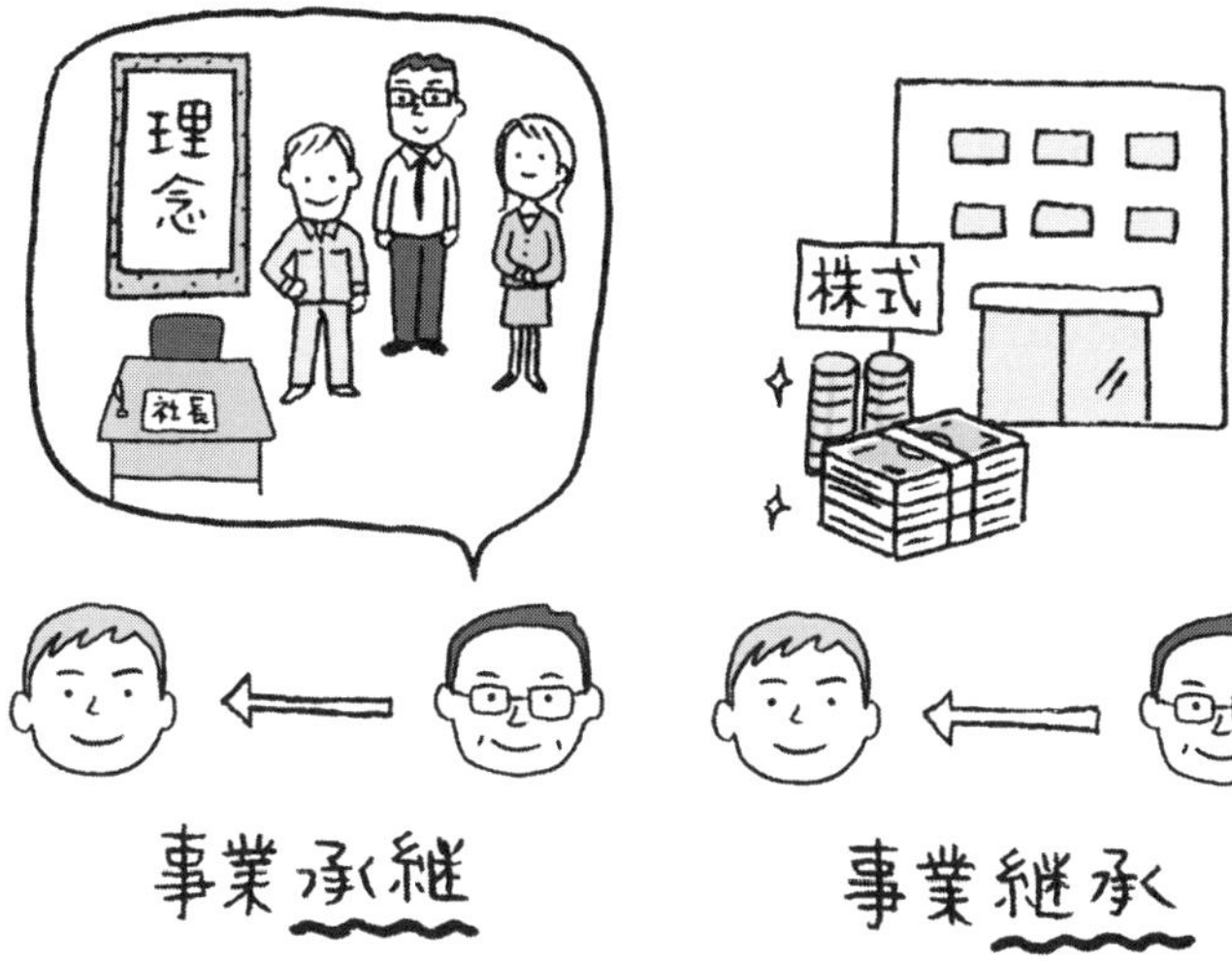

そして、車の所有者は運転手を選ぶことができます。レストランオーナーはシェフを選ぶことができます。ですから、あなたが運転に疲れたら、あなたより運転が上手な人に運転を変わってもらえば良いのです。長距離を運転しなければならない時には良くあることです。

目が見えにくくなったり、状況判断が鈍くなったと気付いたら、運転を変わってもらえば良いのです。最近では、自動車運転免許返上ということをされる人もいますが、それでも車はあなたのものです。

なぜ？　「箱」（お金にまつわるもの）の引き継ぎだけが進むのか？

ここまでで、事業承継を進めるためには２つのことを行わなければならないということは分かっていただけたと思います。

第7章
「まずは、資産の引き継ぎが重要である」という過ちもう少し加えて説明しますと、この2つは同時に行わなくても良いのです。時に「認知症になったらどうするのだ！」というお声もありますが、もしもそのように考えるのであれば、「2つともすぐに進めてください」とお答えさせていただきます。「備えあれば患いなし」ですので。

しかしながら、この2つのうち、1つ（前者、お金にまつわる引き継ぎ）だけが先行しているように感じるのです。

これは、卵が先か鶏が先か、という議論ではなく、現在においては、経営者の皆さまが目に見える「お金にまつわるもの」について優先順位を上げてしまっているということと、その「お金にまつわるもの」を取り扱う専門家が身近にたくさんいて声を掛けやすいからなのでしょう。一方で、「事業そのもの、会社の中味」の承継には、会社経営者としての知識や人財育成の経験、ノウハウが必要であり、さらにその成果を出すまでにある程度の時間がかかるため、商売として取り組む人や会社がほとんどないということも原因の1つではないか？と思っています。

ですから、

・会社の株価を落として、できるだけ税金を払わずに株式をご家族・親族に贈与、相続する
・所有している資産をどのような形にすれば、節税（損をしない贈与、相続）できるか？

ということばかりがクローズアップされ、一言で表現される「事業承継」において為されるべき2つの対応のうちの1つである「事業継承」ばかりが進んでいるようです。

承継とは、先の人の地位・事業・精神などを受け継ぐこと
継承とは、先の人の身分・権利・義務・財産などを受け継ぐこと
また、「承継は、前任者が長い間築き上げてきた『理念・思想・精神』などの『抽象的なもの』を受け継ぐというイメージで、継承は、前任者が得た経済的価値や資格といった具体的なものを受け継ぐときに使用されるイメージ」とも、言われております。

私は、この「承継」（経営、事業そのものの引き継ぎ、会社の中味の引き継ぎ）という部分を誰かがしなければ、中小企業庁の資料に謳れた「現状を放置すると2025年までに中小企業・小規模事業者の127万社、650万人の雇用が失われる可能性がある」という「可能性」が「現実」のものになってしまうと勝手に思い込み、これを仕事にすることに決めました。そして、このような同志を増やして行くことも私の役割であると考えています。

「事業承継」と一般に表現しますが、そこには会社という「箱の引き継ぎ」と、事業という抽象的ではあるが、会社という箱の価値を左右する大切な「会社経営そのもの」の引き継ぎ、「中味の引き継ぎ」があるということを再度ご理解の上、次に読み進めてください。

第2節

会社の経営をするのは社長である

前節では、事業承継に必要な2つのことをお話ししました。

また、第4章においては、所有と経営の分離ということについても少しお話ししましたので、ある程度はスッキリしていただけたのでは、と考えております。

では、「経営(事業そのもの、会社の中味)」の引き継ぎについて、もう少しお話を進めていきましょう。

お分かりの通り、事業そのものを引き継ぐということは、誰を後継社長(代表取締役)にするか、誰を取締役・執行役員とするということが最も大きなポイントとなります。

彼らは、会社を運転する運転手であり、その会社を健全に維持する管理者であり、修理をするサービスマンでもあります。彼らが上手に会社を運転することで、会社の収益とそこで働く従業員の成長が促され、会社の将来が創られていくのです。

運転手(社長)は、自動車の持ち主(あなた)が決める

彼らを任命するのは株主です。そして、その任命した取締役がその責任を全うできないようであれば、解任(俗に言う、クビに)することもできます(ここでは簡単な表現とするために少々荒く書かせていただいておりますので、解任をするときには、必ず、事前に顧問弁護士などの法律の専門家にご相談ください)。

経営となれば、会社のお金を扱うことになります。ここが心配で仕方なくて、他人には任せられない、とおっしゃられる経営者さまもお見えになります。私とて、見ず知らずの他人に自分の財布を預けることには大きな抵抗がありますので同じです。

もしも、そこが原因で社長の座を譲ることができない、というのであれば出金したり送金したりする部門、お金を扱う部門、一般的には財務部門(経理部門)という部門の長に、あなたの絶大なる信用がおける人物を置けば良いのです。監査役という役割を置き、正しく責任を全うしているか、間違ったことはしていないかを確認させることもできます。

ここでお伝えしたいことは、皆さまは社長(他の取締役含む)を選ぶこともできるし、外すこともできます。さらに、その選ぼうとしている、今後を託そうとしている相手をいつでもご自身の手で育てることもできるということです。これが後継者の育成ということです。自由自在です。

たった1つ、できないことは、

「時間を止めること」

です。

達成率50％で社長の座を譲ってみてくださいとお話ししましたが、その訳は皆さまが後継社長の隣に座っているから、何かあったら皆さまの足元にあるもう1つのブレーキを踏んでいただける、と考えているからです。自動車免許研修場の教官のようなものです。だから、社長の座を譲ってから、しばらくは会社に残ってください、と申し上げたのです。

さあ、あなたの車の新しい運転手を見つけましょう、そして、育てましょう。

もしかすると、あなたより上手に運転してくれるかもしれませんね。

そして、次の運転手は、あなたの車をさらに素敵な車に変えてくれるかもしれません。

第3節

会社の価値は社長によって決まる

事業承継には2つの進めるべきことがあるということは、お伝えしました。これまでに、

「経営（事業そのもの、会社の中味）は、経営（運転）が上手な人に任せたほうが良い」

「運転手は親族でなくても良い」

ということを、いくつかの場所で、いろいろな切り口を使ってお話ししてきました。なぜなら、

「ここを勘違いしていたら、事業承継はうまく行かない」

ということを知っていただきたいからです。

株価は会社の価値、そして最低価格はたったの1円

では、「そもそも」引き継ぐ「株式」とは何でしょうか？

それは、単純に言えば、「会社の所有権」と同じです。ということは、その「株式の価格」は「会社の価値」によって変わります。その「会社の価値」を決定する要素はいくつかありますが、ここでは2つを挙げてお話をさせていただきます。

1つめは、貸借対照表に表される資産により決定される部分（純資産と呼ばれる数字など）です。

※ただし、帳簿に載っている資産価格は、実勢価格と異なっている場合が多いので、株価算定の時には、その時点での評価をするために再計算・算定されます。

2つめは、これからどれくらいの資産（お金）を増やすことができるだろうか、という未来に得られるだろう価値です。

1つめの部分は、あなたが社長であろうが、後継者が誰であろうがその価値は同じように算定されますが、2つめの部分においては、そこでの試算根拠となる事業計画などを誰が作成し、誰がどのように進めて行くのか、ということも評価要因となります。

ということは、事業承継の大きなポイントである「未来に引き継がれる資産」は、この「社長」選びによってその価値は左右されると言っても良いのではないでしょうか？

ですから、もしも誤った判断で上手に運転できない相手を後継者として選んでしまったら、年度決算もおぼつかなくなり、株式の配当が出ないばかりか、会社が傾き、株価（資産）が1円になることもあります。上手に運転できる後継者であれば、会社の所有者（株主）であるあなたが年度の利益から配当を得ることもできます。その金額の多寡も、後継者の腕次第です。

少し数字を使ってお話ししてみましょう。

例えば、「当初株式評価額1株3万円、発行済み株式数2千株、株式資産評価6千万円」と素人判断で算定した株価、株式資産評価を専門家に依頼し、法に基づいていろいろな観点、手法を用いて算定することにより、「評価額1株2万円、発行済み株式数2千株、株式資産評価4千万円」となったとします。

他に相続資産がなければ、多くの場合、相続税は納めなくて良くなるでしょう。

ここで、当初6千万円の評価4千万円として評価され無税で相続できる、ということで満足されている人がいるようですが、こちらにばかり神経と限りある時間を費やしてしまったがゆえに、十分な教育をしないまま後継者に引き継ぐこととなり、万が一、会社が傾くことになれば、株価は1円（最低価格、4千万円が2千円）となり、さらに、借入金の連帯保証を「後継者」だけではなく「ご子息、ご子女など」へ引き継いでしまっていたとしたら「株式以外」に相続していた資産を売却し、債務（借金）を返済する、ということにもなりかねないのです。

ここで、親族に社長を引き継がなかったとしても、会社を所有する「株式」の継承については、国が中小企業を支援するため、事業承継税制というものなどを作っていただけましたので、詳細は顧問税理士、またはその道の専門家に確認してみてください。

第4節

資産の引き継ぎは専門家に委ねることができても、経営の引き継ぎはあなたにしかできない

この表題の通りであるということは、ご理解いただけるはずです。

そして、この経営(事業そのもの、会社の中味)の引き継ぎが重要であることも、ご理解いただけたはずです。

あなたにしかできないことがある

事業承継をしなければ、と考えはじめる理由の多くは、皆さまの体力的、精神的な衰えなどからで、最初に想い浮かぶのは、

「誰に?」

ということでしょう。

そして、同時に自分が死んだらどうなるのだろうか? などと「相続」のことを考えます。

すると会社の「箱」の引き継ぎや不動産などの資産の引き継ぎのことを考えるようになってしま

います。

この相続や資産の継承のことになると、自分の頭の中だけで考えられることが沢山あり、かつ、お金のことなので数字として分かりやすい形で見えますので、考えることがこちらにばかりに偏り、いつしか手間のかかる目に見えない資産を引き継ぐ大切な相手である「誰に?」を蔑ろにしてしまい後継者がいないという状況に追い込まれてしまっているのではないでしょうか?

ここでお伝えしたいのは「資産」の継承については、税理士、弁護士や専門家に頼めば、彼らが道筋・ストーリーを提案し、作業を進めてくれます。あなたがしなければならないことと言えば、必要な書類を探して提出することと、誰にいくら残したいか、という判断くらいでしょう。ただし、この道筋・ストーリーによっては残る金額(贈与または相続して相続人の手元に残る資産・お金)が大きく変わってきますので、知り合いの○○さんなどと軽はずみに決めず、その道の専門家に依頼をすることをお勧めします。その理由は第6章でお話しさせていただいた通りです。

皆さまが「事業そのもの、会社の中味」の引き継ぎを誰かに手伝ってほしい、と思ってインターネットで検索しても、その引き継ぎを業としている人や会社はほとんどありませんので、見つかるのは、

・M&A(つまり、後継者がいないのであれば売りませんか? という相手)
・人材紹介会社(後継者を外部から見つけてきます。紹介料は例えば年収の40%ですという相手)

であり、残念ながら、皆さまの会社にお伺いし、従業員と会社を眺めて、誰をどのようにして育成すれば、この会社を上手に運転できるようになるかを見つけ出し、そして、その方法を教えてくれる、もしくは代わりに育成してくれる、という人も会社もほとんど見当たりません。

ではどうすれば良いか？　と申しますと、ここまでお話しさせていただいた『会社の後継者育成をめぐる7つの大罪』に気付いていただき、皆さまに改めて、後継者選びと育成にお力（時間と情熱と愛情）を注いでいただくことです。そうすれば、「資産（お金）」というものも、同時に未来に引き継ぐことができるようになるはずです。引き継ぐだけでなく、今よりも、もっともっと大きくなる可能性も十分に秘めているのです。

これは「あなたにしかできないこと」なのです。

私がこれまでの企業の業績改善、再生にかかわってきた中で雇い主（社長など）に伝えることがあります。

後継者づくりは社長の卒業論文

それは、

「社長の仕事は、業績を拡大する（会社を潰さない）ことと、従業員を育て続けること」

「社長の最後の仕事であり、最も大きな責任は、後継者を育てること、引き継ぐこと」

「後継者の育成が、社長の最も重要な最後の仕事、社長としての卒業論文であり、社長(あなた)があなた(個人)に贈る卒業証書です」と。

あなたの信頼から、会社の信頼へ

上場企業では、社長のほかに何人かの取締役(長い間、社長と一緒に会社を運転してきた人たち)もいますし、従業員は少なくとも数百人はいますので、社長が突然交代したからといってすぐに傾くことはありません。しかし、中小企業においては、社長が突然変われば、突然でなくとも、その影響は内部だけでなく、大切な「お金」の面で支援してくれる金融機関をはじめ外部関係者との付き合いまでも変わってきてしまいます。

今のあなたの会社は、会社の名前だけでなく、あなた個人の信用でつながりが保たれている部分が大きいはずです。なぜなら、あなたは「会社のスーパーマン」ですから。

それを「会社の信用」に変えることも、社長としてのあなたの仕事なのです。

完全に「会社の信用」へとするには、あと2つ「組織づくり」と「仕組みづくり」というものが必要ですが、この2つは後継者に任すこととしましょう。

「この会社には、もうあなたがいなくても大丈夫です」ということを金融機関、外部関係者、そして、お客様に伝え、そのように思わせていただきたいのです。そして、そのような後継者に育ていただきたいのです。

そのためには、育てている過程で後継者と金融機関、外部関係者との打ち合わせに同席させ、その打ち合わせの中でも育て（俗にいう、ＯＪＴ）、後継者が一人で彼らとの打ち合わせができるように、さらに育て、彼らから「立派な後継ぎですね、社長もこれで安心ですね」というところまで育て上げていただきたいのです。ご自身で後継者社長就任の判定（達成率50％）の物差しを持つことができなければ「対外的な部分」はここを達成率50％の基準としてはいかがでしょう。

これ以外にも、交渉、商談の場という新しい場に同席させることで、社内では気付けなかった良い点、悪い点、改善点などが見えてくるはずです。

ただし、この場は言ってみれば、「お金」を会社に入れてくれる人たちとの大切な時間であり、決して負けることのできない勝負の場ですので、慎重にお取り扱いください。実は、私にもとても苦い経験がありましたので、恥を忍んでお話しすることにします。

社内での後継者と社外での後継者の姿を見る

それは、年に数度しかない大きな商談の場でした。会社にとって、とても大切な場でした。

こちらは後継者候補と私の2名、相手方はその会社の社長、担当取締役、部長の3名でした。見積もりを担当したのは後継者候補が責任者を務める事業部でしたので、質疑については彼に任せていました。私も応答はできたのですが、それでは育たないので、何かあったらフォローをしようとずっと構えていました。その商談の中で何度も「見積書に書いてあります通り…」という接頭語を付けて後継者候補が応答することが、私にはとても耳障りでした。

なぜかというと、それを聞いたお客様が、

「そこに答えは書いてある。とあなたは言いたいのですか?」とか
「見積書に目を通さずにここにいるのですか? とでも言いたいのか!」という風に受け取られたら、まずい、と思った瞬間でした。社長様から私に、

「古小路さんはどう思いますか?」と。

私に口を挟む絶好のチャンスがやってきました。そして、そのコメントの最後に後継者候補に向かって「そこに書いてあります通り…というのは、あなたの口癖かもしれないが、耳障りなので言わないようにしよう」と付け加え、回答を終えました。すると嫌な予感は当たっていて、お客様の顔色が変わりました。マイナスからプラスへ、良い方向へです。ずっと、担当取締役と部長様が社長の顔色を窺い怪訝な表情をしていることには気付いていました。

やっと収まったと、ホッとしてお茶をいただき、その後は同じことを避けるため、彼と私が交互に応答するようにし、万が一を避けようとしたのですが、残念ながら、同じことが起きてしまったのです。

「先ほど、古小路が申した通り…」を使ってしまったのです。

すぐさま、私が口を挟み、その後は彼に話をさせることはありませんでした。

結果は、相手方の社長と私が握手をして交渉成立、ということになったのですが、後継者候補がこんなに「相手」のことを考えずに言葉を発しているということを知り、ショックでした。本当にショックでした。当然のことながら、帰りの車の中でその内容を指摘し、改善するように指示をしましたが、そのような言葉を使ってはいけないということは理解したのですが、本人は使っていたことにまったく気付いていなかったのです。

無意識という怪物

これまた、大大大ショックでした。無意識のレベルでお客様を立腹させてしまうような者に会社の運命、従業員の将来をかけることはできない、と感じた瞬間でした。しかし、この時には、いったん判断を保留にしました。

会社に戻り、私は彼の部下の一人に指示を出しました。指示したのは、たった1つ。彼が「○○に書いてある通り…、先ほど申し上げました通り…」をこれから1週間で何度使ったかを教えてほしい、でした。

心の中では、私と一緒だったから緊張して使ってしまったんだ、などと期待していたので、いったん、後継者候補から外すという判断を保留にしたのですが、その期待は見事に裏切られ、後継者候補から外す決断をしました。

これは1つの例ですが、これも私の教育が悪かったことが原因であると考えています。とても反省しました。社内において、私がそのように言われても気にしないというか、うちの子（私は従業員、部下のことをこう呼びます。家族、子供と同じような存在と考えておりますので）たちが私に間違った言葉さえ使わなければ、何を言いたいのか、伝えたいのかを察することに神経を集中させており、自分がどのように感じているかは二の次にしていたのです。いつも相手の身になって考えろ、話をしろと教えながらも、そう言っている私が、その「練習相手になってやれていなかった」のです。

思い込みという大きな過ち

よくよく考えてみると、この後継者候補と外部との商談に行ったのが、その時が初めてだったのです。私としてはどの程度の応対ができるかを試してみよう、大きな商談ではあるが、私が隣にいるから大丈夫だ、と「思い込んで」の場でした。その段階では「打てる手をすべて打たず」に後継者にしようと勝手に「思い込んでいた」のです。

万が一、私が気付かなければ、最後の相手方の社長様との握手はなかったと考えています。後日、相手方の社長様に会いした時に「やはり古小路さんは人事のプロなのですね」と笑みを浮かべながら言われ「はい、人のことはよく見て、人の心をよく考えています。しかし、まだまだ力及ばずです」とお答えしたことを思い出します。

私は、まだまだ未熟だったのです。無意識に発してしまう言葉、してしまう行動を止めさせる、変えさせる術を習得していなかったのですから。もしも、いまの私であれば、同じことが起きても、そこを改善し、後継者として任せることができたのですから、彼には申し訳ないことをしてしまったと反省しております。

トップダウンよりもボトムアップ

しかしながら、ここでの収穫は大いにあったことも確かです。先ほど私が確認（スパイ）を指示した元後継者候補の部下が私の想いに気付き、

「〇〇に書いてある通り…、先ほど申し上げました通り…」

というような不必要であり、聞く人の心を不快にしてしまう言葉を使わなくなったのです。私が知る限りでは、その会社を去るときには、そのような言葉を聞くことがなくなっていました。やはり、自分で考えて、自分で行動するという力は上から押し付けるより圧倒的に強い力であることを知ることができました。

あなたの情熱が未来に受け継がれる

経営というものは、人財の育成というものは、後継者に引き継ぐということは、こんなことの繰り返しで、手間暇かけて実現していくものです。そして、その中にあなたの熱い情熱とたっぷりの愛情を注いでこそ、本物になっていくのです。

やり方は違うかもしれません。性格も違うかもしれません。いろいろな部分で違うところばかりかもしれません。ただ、

変えてはいけないところ（守らなければならない大切な部分）

変えなければならないところ

を理解し、その部分においての「価値観」、「在り方」が同じであれば、それで良いのです。

そこが、何度もお話しさせていただいた「そもそも」という部分ですので。

あなたの会社のことを最も知っているのは、現在では「あなた」です。

後継者を育てるための経験、知識、スキル、ノウハウをすべて持っているのも「あなただけ」です。そして、

あなたの会社の将来を決めるのは「今のあなたの決断」と「後継者の情熱」です。

情熱は受け継がれると思っています。受けた愛情も受け継がれると思っています。そして、技術（モノづくり、コトづくり、サービスづくり）と人財は、今よりも成長していくものであると信じております。後継者の情熱によって。

今こそ、あなたのすべてを引き継ぐ時間（とき）です。

第5節

誰のために、後継者を育てるのか?

長々とここまでお話しして参りましたが、これで最終節となりました。

ここでは著者としてのすべての想いをお話しさせていただきます。本書が書店に並んでから、あれも伝えておけば良かった、これも伝えておけば良かった、と後悔しないように。そして、何よりも、皆さまにこれからの素敵な時間を贈り届けるために。

経営者には定年退職がない

皆さまと同じように、私も三十代からずっと取締役などという偉そうな肩書をいただき、常にミッションという重い責任を背負い生き抜いてきました。

50歳になるまでは上場企業に関わることがほとんどでしたので、定年(65歳?)となって、ある程度の退職金をいただき、年金というものを合わせれば、安らかな老後が暮らせるという道もあったのかな? と今になって考えることもあります。ただ、取締役なので定年というものはないのですが。

サラリーマンが勤める会社には、就業規則というものがあり、退職金規程などというものがあり、その規程で定められた年齢になると会社との関係が終了します。

十分な退職金が得られれば、その後、豊かな老後が暮らせるのでしょう。ただ、最近では退職金がない企業も増えてきておりますので、すべてのサラリーマンが豊かな老後を暮らせるかは疑問です。

ここで、ハッキリと言えることがあります。

サラリーマンが定年した後、会社からのプレッシャーはなくなり、それまで毎日片道1時間、往復2時間以上費やしていた通勤時間がなくなり、眠い目をこすりながら、夏には蒸し上がるような電車にも乗らなくても良くなります。それからは、考えなければならないことは「ご自身」と「ご家族」のことになるのでしょう。

では、中小企業経営者の65歳では？

引退していなければ、会社経営という重い重い責任を背負ったままで、会社と従業員を守る役割は継続中です。通勤時間はサラリーマンよりはずっと短かったはずでしょう。ただ、その時間を皆さまの城(会社)を守るために注いでいたはずです。夏に蒸し上がるような電車には乗ることはなかったかもしれません。

この状況だけでは「幸せな時間」とは言い難いと思っています。ただ、商売がうまく行っていれば、経済的な部分においては、規程というもので決められた年齢で会社を去らなければならなくなった元サラリーマンよりは豊かなのかもしれません。

では、いつまでこのような過酷な労働に耐えることができるのでしょうか?

これからの人生を豊かに生きることを考える

仕事が趣味であるという経営者もたくさんいます。それは、趣味ではなくて、趣味に充てる時間がない、もしくは何も趣味がないので仕事をしているのでは? とも思いますが。

私はまだ引退をするどころか、これから新しい会社を立ち上げたいと考えております。それも、初めから後継者候補を参加させ、短い時間で引き継ぎ、引退したいと考えてもおります。なぜなら、私が考える安らかで豊かな時間、場所とは
「人の成長」を「手伝うことができる、感じることができる」時間と場所だからです。

そして、私より若くて優秀な経営者(社長)に委ねることができれば、私より「素敵な会社の未来」を創ってくれるでしょうし、私より稼いでくれると思います。なぜなら、私が育てる人物、つまり後継者ですから。

そして、その成長に寄与できたとしたら、そこから生まれてくる成果、お金というものを小遣い程度に貰えれば、これからも好きなワインを嗜むことができる、と淡い夢を抱いています。

根っから、人が好きで、人の成長を見るのが大好きですから。そして、赤ワインも。とお話し

しながら、内心はひやひやしておりますが。

大切な人、愛する人のために

人は「自分のため」に何かするとなると、なかなか力が入らないものです。それが「愛する人のため」「家族のため」「大切な人のため」となるとこれまでにない力が湧き出てきて、かつ、それが継続するのです。

私は、いつも「自分のため」、「困っている会社で働く従業員とその家族を守るため」と思って限りある時間のすべてをかけて企業の業績改善、再生に臨みます。こんなことを話しながら「なぜ、自分のため?」と思われるかもしれませんが、「愛する人のため」ということは、「自分」が「愛する人のため」に何かをしたい、ということなので、結局は「自分の欲」を満たすためであると思っているからです。

また、なぜ「困っている会社の社長のため」と思わないのかと申しますと、もしも「社長(個人)」のためと思ってしまうと「会社」という人の集まり(組織)を守る、救うという想いからブレてしまうかもしれないし、社長を信じてついてきた従業員を守ることが、結果的に「社長の想いを叶える」つまり「社長のため」になると考えているからです。

決して、人生の大切な時間をこの会社に捧げてきた従業員を路頭に迷わせてはいけない、そしてその従業員にも家族がいる、これを守らなければ、私は生まれてきた意味がない、と勝手に思い込んでしまうのです。

激しくパワーが出ます。情熱が湧きます。心が熱くなってきます。そしてやり切ります。やり切った後、倒れたこともあります。動けなくなったこともあります。これが「自分のため」だけであったとしたら、ここまではできなかったと確信しております。自分のためだけで、倒れるまで仕事をするほど真面目な人間だとは思っておりません。

約束

この本の最終章、最終節、エピローグの言葉として

この「　　　　　」の中に、

あなたが最も大切にしている人、もの、こと

あなたが最も守りたい人、もの、こと

を、あなたの言葉で入れて、価値ある約束（目標）としてください。

「　　　　　　　　　　」との約束

私は「　　　　　　　」のために後継者を育てる

私は「　　　　　　　」を守ために後継者を育てる

これを（　　　　　）年までに、必ず、成し遂げることを約束する

年　　月　　日

氏名

この想いを向ける先が、大切であればあるほど、情熱は炎のごとく熱くなり、愛情までもが溢れ出し、夢は目標に変わり、その目標に辿り着くことができるのです。

さあ、始めましょう！

第8章

7つの大罪を乗り越えて（まとめ）

ここでは、本書の総まとめとしてこれまでにお話しした内容の大切なポイントを挙げさせていただき、皆さまが困ったこと、心配なこと、不安なことにぶつかった時に、「この本を思い出して、すぐに読み返していただけるよう」に、著者の想いとともに整理させていただきます。

本書においては、全体的に皆さまの勘違い、思い込みと実際に後継者、従業員が感じていることのギャップを浮き彫りにし、そのギャップに気付いていただき、そのギャップを埋める方法または解決する方法について、30項目のポイントを挙げて説明をさせていただきました。

各章ごとにそのポイントを挙げてみましょう。

第1章　「自分のようになれる従業員はいない」という過ち

・後継者を育てるということは、1＋1＜1を1＋0＞1へ変えていくこと

・後継者はあなたほど優秀(スーパーマン)でなくとも良い

・あなたと同じやり方だけが正しいのではない

・後継者には「何を」大切にしてほしいのか

・後継者には右腕の存在が不可欠である

第2章　「打てる手はすべて打った」という過ち

・本当に「打たなければならない手」を「正しい方法で打った」のか
・後継者1人ですべてができなくても良い
・後継者となるためには「何が」できなければならないのか
・どのように教えなければならないのか
第3章　「あなたの言葉が伝わっている」という過ち
・従業員はあなたのことを知っているのか、自己開示の必要性
・伝えた（つもり）と伝わった、そして、できるということの違い
・人によって「普通」という「価値観」は違う
・質問の仕方によって答えは変わる
第4章　「後継者は親族であるべし」という過ち
・後継者選びにおいてはできるだけ多くの選択肢を持つことが成功の秘訣
・「伝わる言葉」で正しく教える
・2つの色眼鏡（1つは、「親族」と「他人」、もう1つは「2つのタイプ」）を外して後継者を選ぶこと
・「株主」（会社の所有者）と「社長」（会社の経営者）は別の人で良いこと
第5章　「まだ、任せることはできない」という過ち
・引き継ぐ気があるのか？　時間は止めることができない
・どのような状態であれば引き継ぐのか？　それを見える化するのための「物差し」を創る

・自分より優秀な者を自分が思ったように動かす
・「我慢」ではなく「忍耐」と受けとめる
・あなたの愛情が未来に受け継がれる

第6章　「顧問弁護士、税理士だけに相談すれば良い」という過ち

・「相談相手」は「相談内容」によって選び、変える
・会社から外に出て、外部の経営者と交わり「息抜き」をする
・外部のコンサルタントの活用法とその見極め方
・師（匠）を持つ

第7章　「まずは、資産の引き継ぎが重要である」という過ち

・引き継ぐものは2つある（承継と継承）
・経営（事業そのもの、会社の中味）の引き継ぎは、あなたにしかできない
・あなたの情熱が未来に受け継がれる
・「誰」のため、「何」のために後継者を育てるのか？

この中には、直接、後継者の育成に関するお話だけでなく、さまざまな可能性を高めるための内容を含めることにより、できる限り皆さまの想いが、できる限りストレスなく、かつ合理的に叶えばということでお話しさせていただきました。

この30項目に一貫して言えることは、次の7つに集約されます。

未来に贈る7つのメッセージ

・後継者はあなたのようなスーパーマンでなくて良い
・人それぞれ「価値観」が異なるので、それに気づき、配慮し、教育にあたる
・育成という仕事には、時間と熱い情熱とたっぷりの愛情が必要である
・今を変えない限り、未来は変わらない
・時間には限りがあり、誰にも止められない
・時には「息抜き」を
・「自分のため」により「誰かのため」に

これから、
後継者を選び、育成するため、
皆さまを支える従業員と接する、教育するため、
皆さまと皆さまの会社の未来を創るためにも、
この7つのメッセージを心の隅においていただければ幸いです。

おわりに

最後までお読みいただき、ありがとうございました。

ともすると、大きなお節介や鬱陶しい表現に嫌気が差し、何度も読むことを中断しながらも、ここまで進んでいただいた読者の皆さまもみえるのでは？　と思っております。

この「おわりに」を書かなくとも、十分著者の想いを伝えることができたのではないか、とも考えてはいるのですが、

どうしても今一度、皆さまへお伝えしたく、最後の仕上げを書かせてください。

２０２５年の中小企業・小規模事業者の予測についてはお話しさせていただきましたが、２０２５年の予測がその通りになれば、２０２６、２０２７…年と時間の経過とともに、消えていく企業と失われる雇用が増えていくことになります。そして、その２０２５年を迎える時には日本はこのようになるのではないかと思っています。

年を追うごとに多くの外国の人たちが日本に来られ、働くようになってきています。とても良いことであると思っています。

そして、その中にはとても優秀な人たち、昔の日本人のように一生懸命働いている人たちが大勢います。これから、もっともっと多くの外国の人たちが日本で働くようになり、この国、日本

が抱えている少子高齢化、人手不足、人材不足という課題の解決に一役買っていただけるのではとも思っています。

そして、近い将来、このような外国の人たちが日本で会社を立ち上げ、社長(経営者)となる会社が増えていくことでしょう。そうなっていくこともとても良いことであると思っています。

ただ、そう思いながらも、いつも考え込んでしまうのです。


これからの日本はどうなるだろうか? 経済はどうなっていくのであろうか?

良くなるのであれば、万が一、後継者の育成が十分に行われなかったとしても2025年に失われるかもしれない650万人の雇用は「どこかの大企業」に吸収されるのだろうと思いたい。


もしも、良くならなかったら?

その「どこかの大企業」に吸収されなかった場合は、どうなるのであろうか?

残念ながら、日本人は、ITリテラシー、金融リテラシー、そして、外国語能力が低いと言われています。

そこで、大企業に吸収されなかった日本人は、外国人が社長である企業で雇ってもらえるのだろうか?

彼らは、ほとんどの仕事を母国語または英語で行い、一部の仕事（日本語でなければならないこと）だけに日本語を使う。私も海外で会社を経営しており、そのほとんどのやり取りは英語であり、英語のできない日本人は、しっかりとした技術を持った者以外はほとんど役に立ちませんでした。

こんな想いがあり、本書の中では英語の習得とグローバルスタンダード（世界中で通用する基本〈考え方、伝え方など〉）についてお話をさせていただきました。本書のテーマにつなげて。

これからの道は、決して楽な道ではありませんが、その道の先にある、皆さまの後継者、後継社長が誕生した暁には、

これまでずっと守り続けた従業員、
一緒に切磋琢磨した取引先の皆さま、
そして、影でずっと支え続けてきてくれたご家族の皆さまから、

素敵な笑顔と拍手で、
「皆さまの卒業と後継社長の誕生を祝っていただくこと」
が著者としての最大の喜びであり、それが皆さまへの最高の贈り物であると考えております。

どうか、最後の大仕事としてやり遂げてください。

そして、この本は、たくさんの方々からのご協力によって出版まで辿り着くことができました。そんな本が出たら世の中のためになると私の背中を後押ししていただいた税理士法人ＨＯＰの小川実代表（一般社団法人相続診断協会代表理事）、会社の中味の事業承継をやりましょうと気合を入れていただいた東京中央経営株式会社の宮澤猛社長、この日本を素晴らしい国のまま未来へ引き継いでいこうと後継者の育成とＳＤＧｓの融合プログラム開発を後押ししていただいた住宅産業塾（日菱企画株式会社）の長井克之塾長、いつも温かく見守っていただいた中島敏行氏、出版に当たりさまざまなアドバイスをいただいた山崎広輝氏（ゼロ円求人コンサルタント）、そして、この本が生まれるために甚大なる支援をいただいた清文社編集部の坂田啓次長、矢島祐治氏、書ききれないほど多くの方々からのご支援をいただき、ここまで辿り着くことができました。厚く厚く、御礼申し上げます。

家族に対する謝意もお許し願います。大手企業からの転職、独立をはじめ、常に困難に飛び込み大きなリスクを取る私の生き方のすべてを許してくれた妻、そして母、今は亡き父。皆さんの支えがあり、この本を出版することができました。ほんとうにありがとう。

末筆になりますが、本書によって読者の皆さまの気付きが「後継者の誕日」行動につながり、これまでの汗と涙と努力で築き上げてきた結晶（皆さまの会社）を次の世代へ引き継ぎ、素敵な未来を創るためのきっかけになれば、と願っております。

まずは、動き始めてください。

「　　　　　」という、大切な人、想いのために。

※「　」内は、ご自身で書き込んでください。

ありがとうございました。

令和2年7月

古小路勝利総合研究所
〜一人でも多くの笑顔を蘇らせるために〜
所長　古小路勝利
（ふるこうじ　かつとし）

著者紹介

古小路勝利（ふるこうじ　かつとし）

古小路勝利総合研究所 所長　～一人でも多くの笑顔を蘇らせるために～
プロ経営者／企業再生プロデューサー
相続診断士／2030SDGs公認ファシリテーター／SDGs de 地方創生公認ファシリテーター／日本行動分析学会会員

昭和39（1964）年、愛知県名古屋市に5人兄弟の長男として生まれる。

国立大学理学部を卒業後、大東建託株式会社において、20代という若さで異例の人事部管理職に抜擢。営業統括本部、経営企画室を経て、平成10（1998）年には海外での100億円を超える規模のホテルプロジェクトの総合開発責任者（取締役副社長）に任命され、マレーシア・クアラルンプールに赴任。現地法人の立ち上げ、ホテルを完成、オープンさせ、40歳を機に15年勤務した同社を退職し、日本に帰国。

株式会社テイクアンドギヴ・ニーズ、スリープログループ株式会社（現ギグワークス株式会社）を始めとする様々な業種、中小企業から東証１部上場企業の異なる規模の企業の社長、取締役、執行役員として独自の人財育成ノウハウと組織改革術を武器に業績改善、企業再生に携っているうちに周囲から「人事のプロ」と呼ばれ、いつしか「プロ経営者」「企業再生プロデューサー」と呼ばれるようになる。

現在では、後継者問題の解決と2030年のSDGsの達成に向けた活動に熱い情熱を注いでいる。

SDGs超実践者委員会（SSPC：SDGs Super Practitioner’s Committee）理事を務める。

古小路勝利総合研究所　URL：https://rebush1.com/

会社《かいしゃ》の後継者《こうけいしゃ》育成《いくせい》をめぐる7《なな》つの大罪《たいざい》

2020年8月11日　発行

著　者　古小路《ふるこうじ》 勝利《かつとし》 ©

発行者　小泉 定裕

発行所　株式会社 清文社
東京都千代田区内神田1-6-6（MIFビル）
〒101-0047　電話03(6273)7946　FAX03(3518)0299
大阪市北区天神橋2丁目北2-6（大和南森町ビル）
〒530-0041　電話06(6135)4050　FAX06(6135)4059
URL http://www.skattsei.co.jp/

印刷：亜細亜印刷㈱

ISBN978-4-433-74720-6